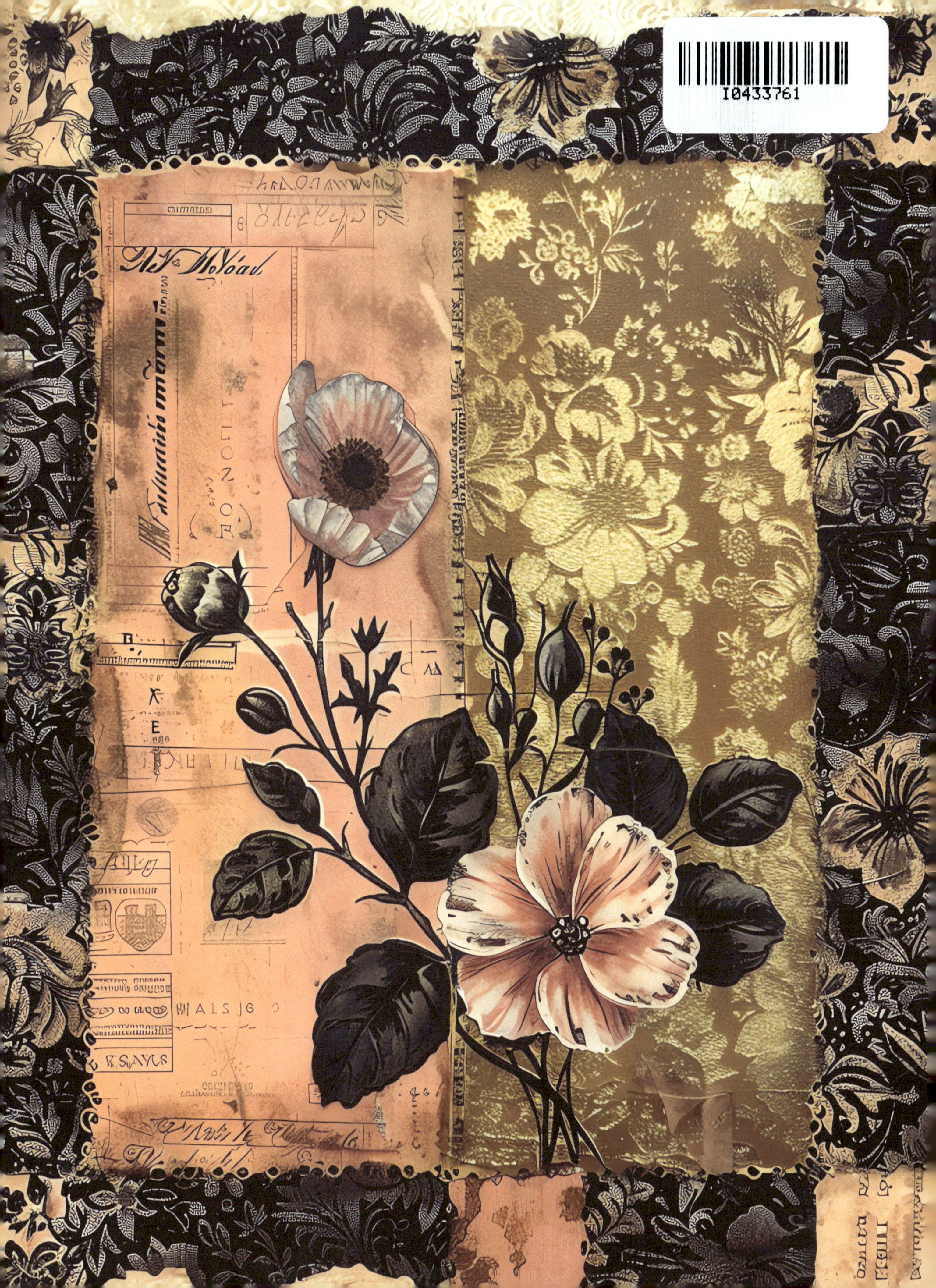

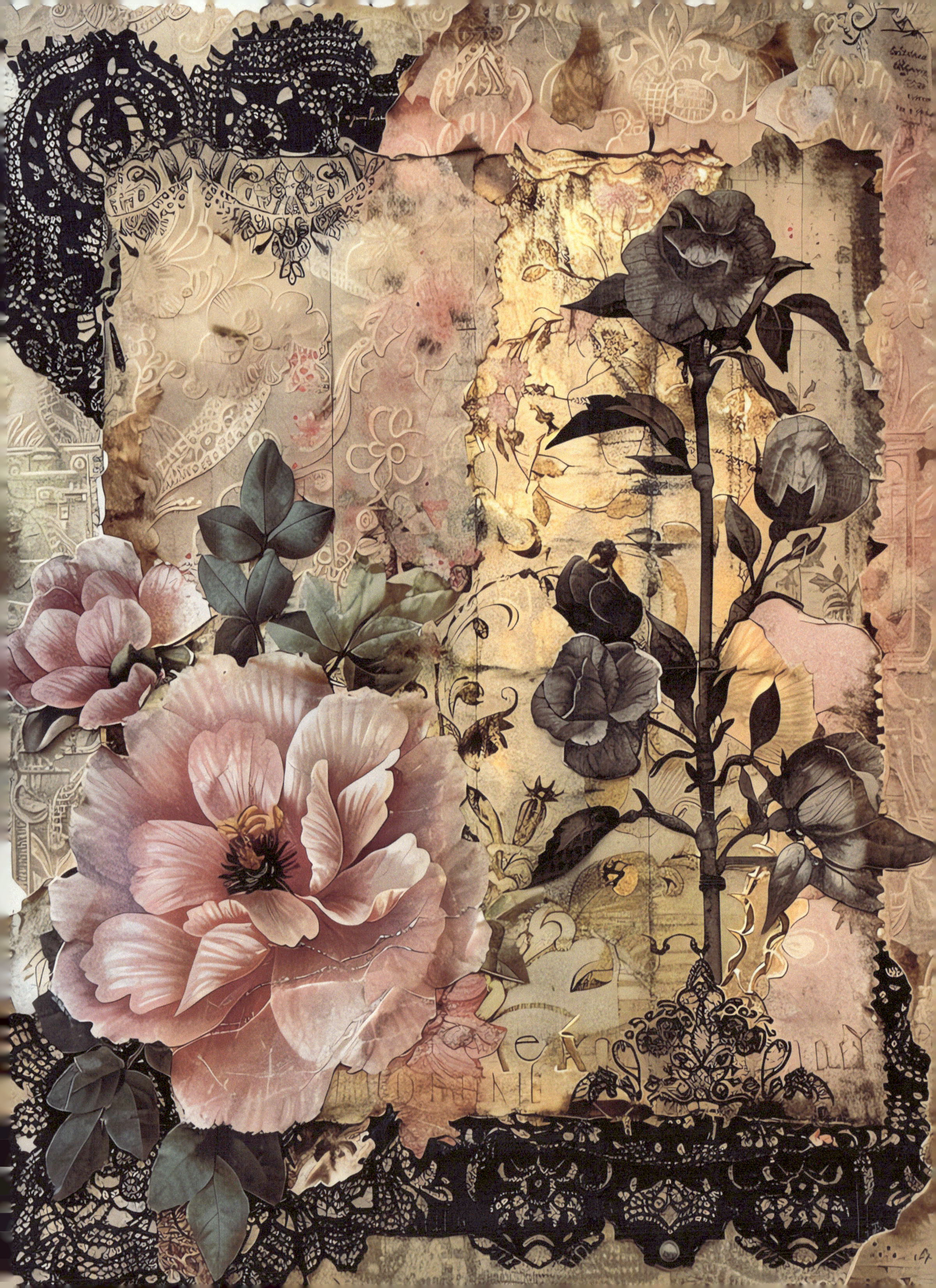

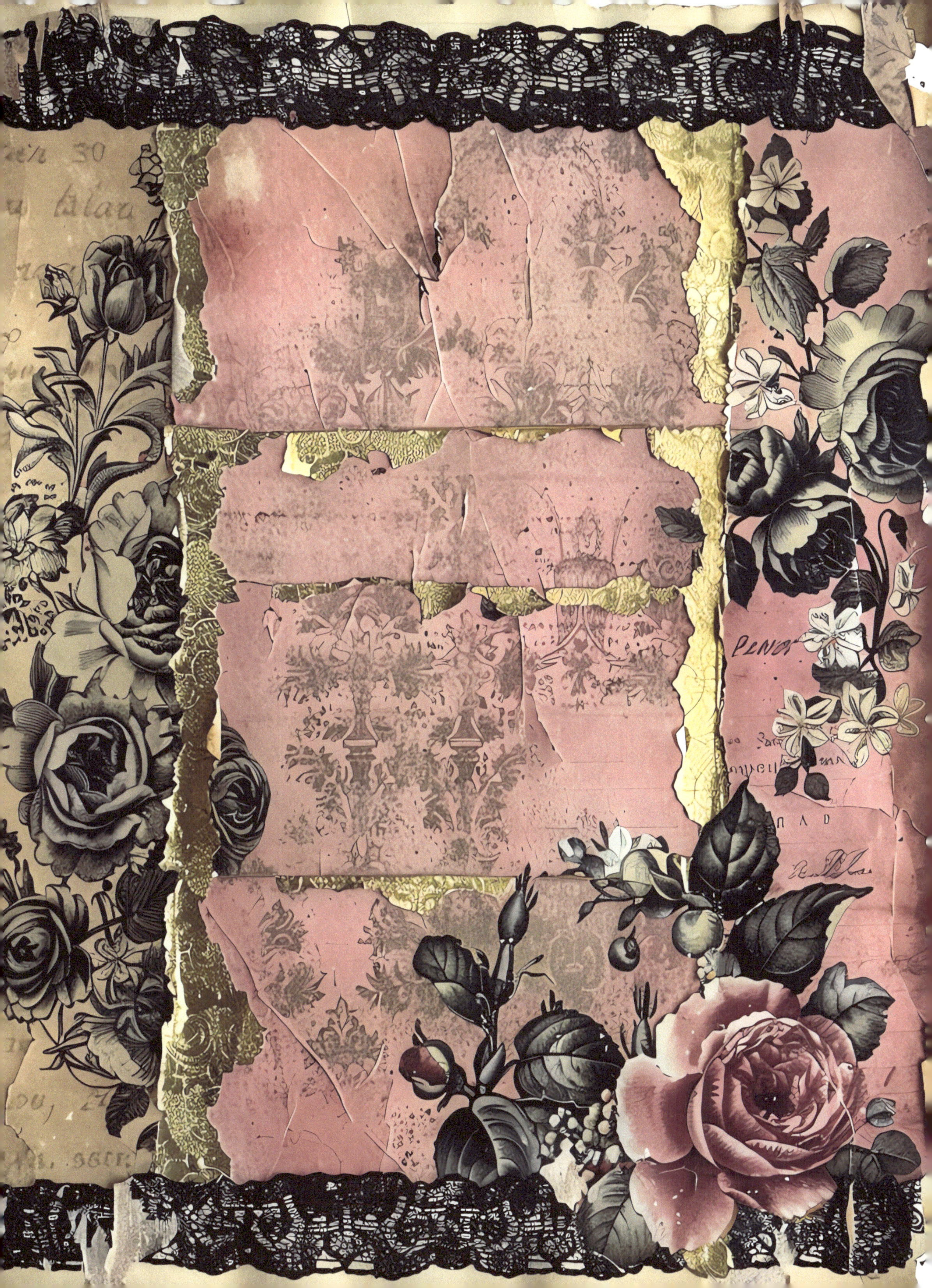

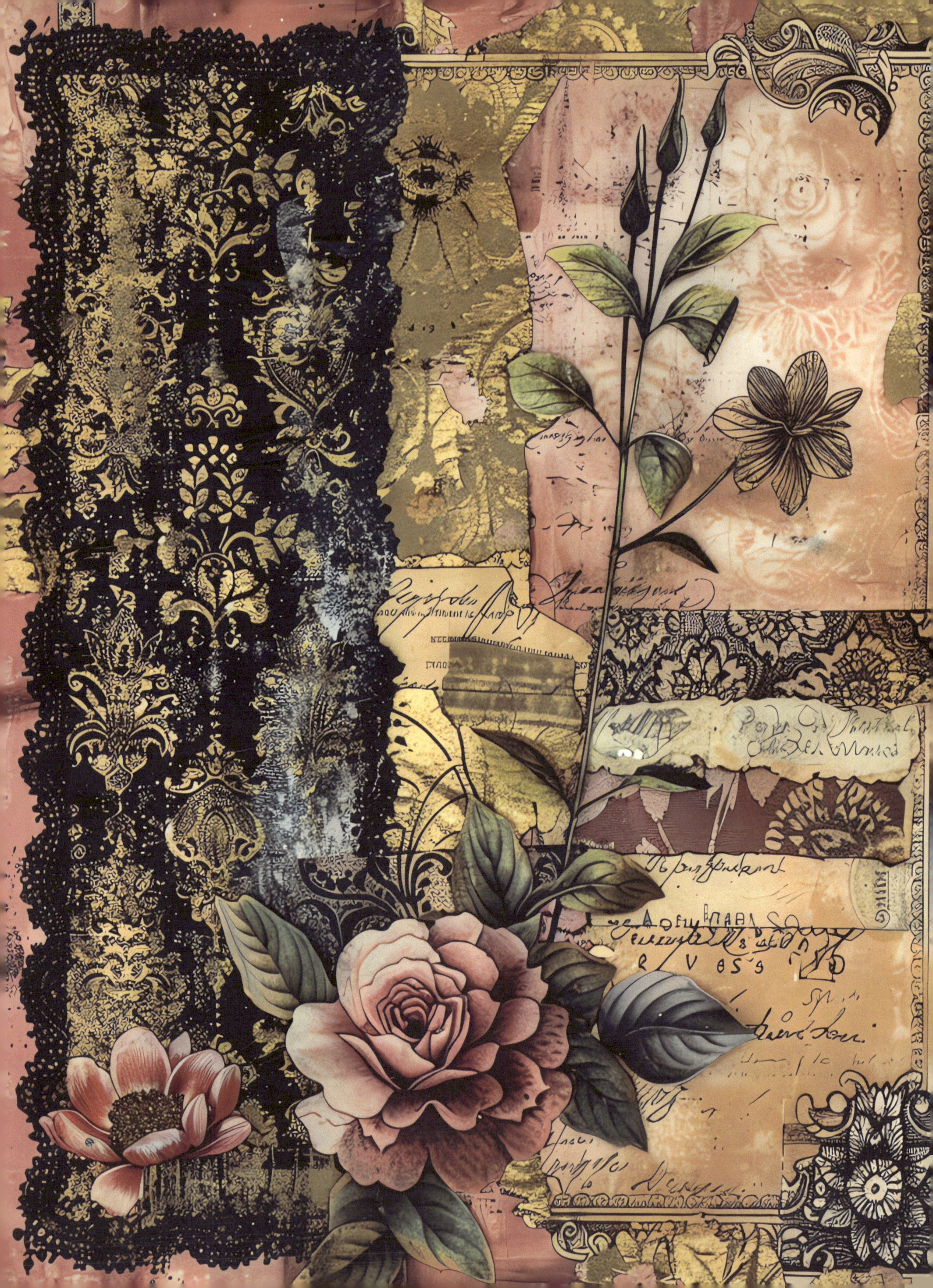

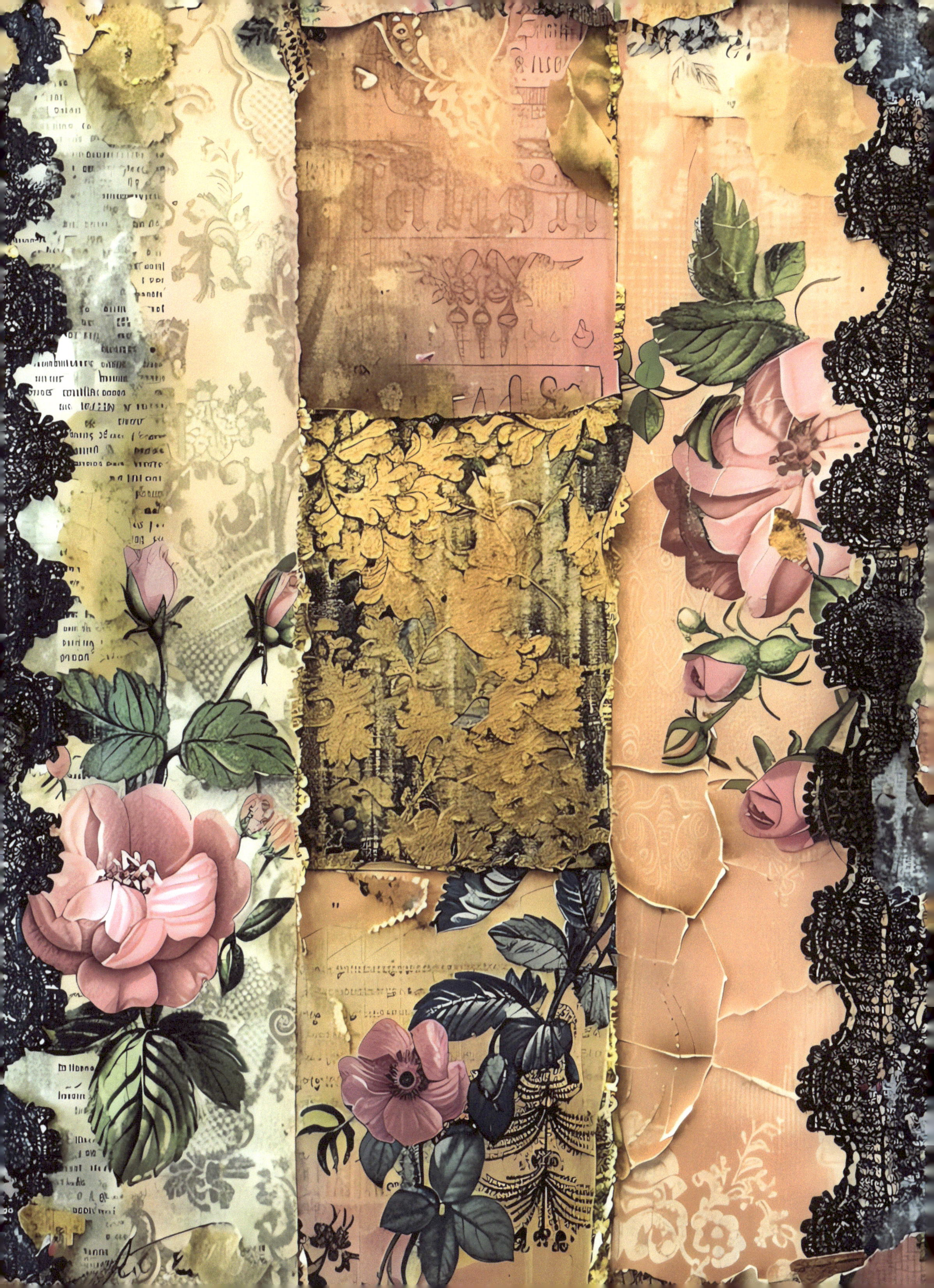

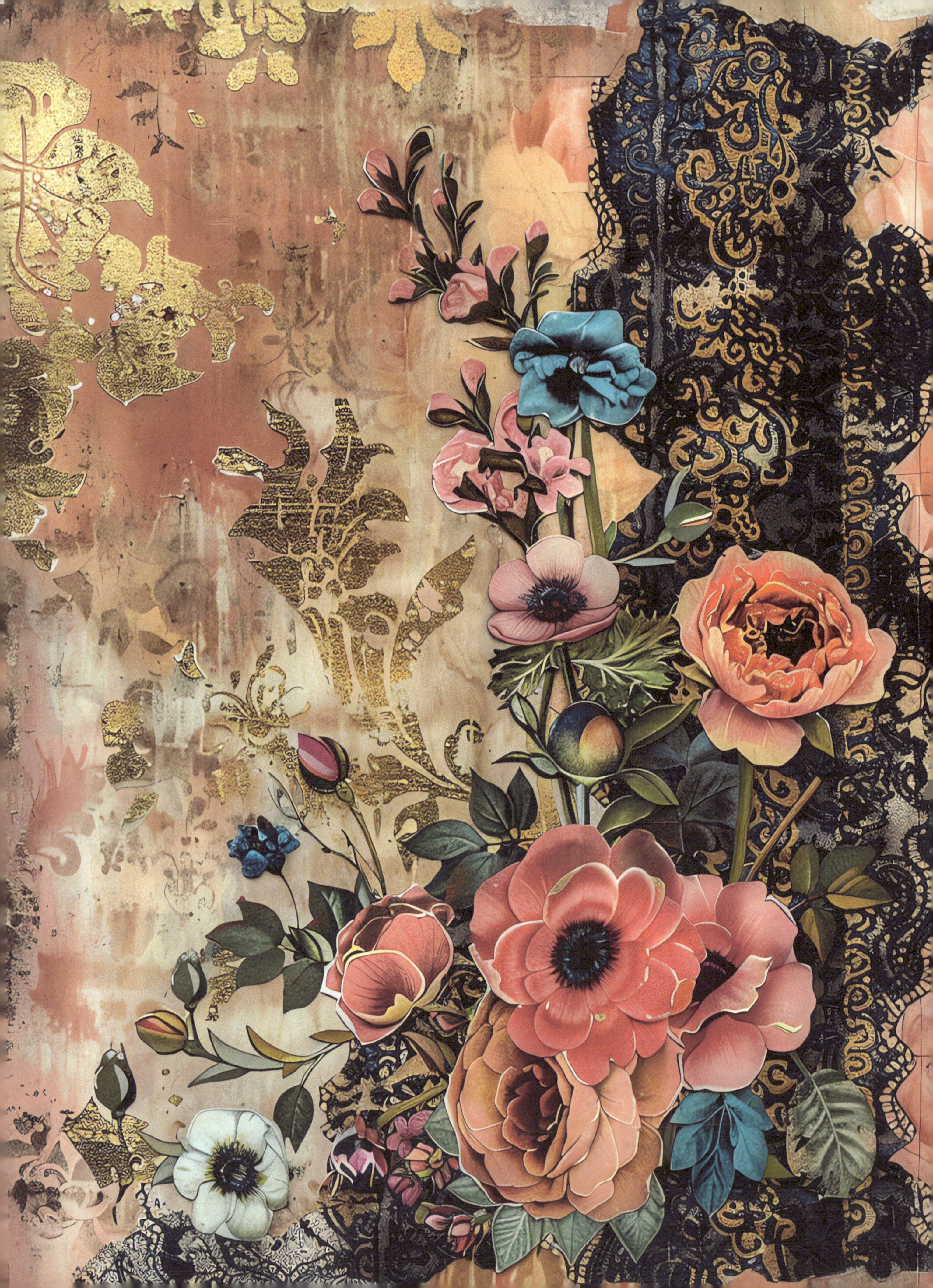

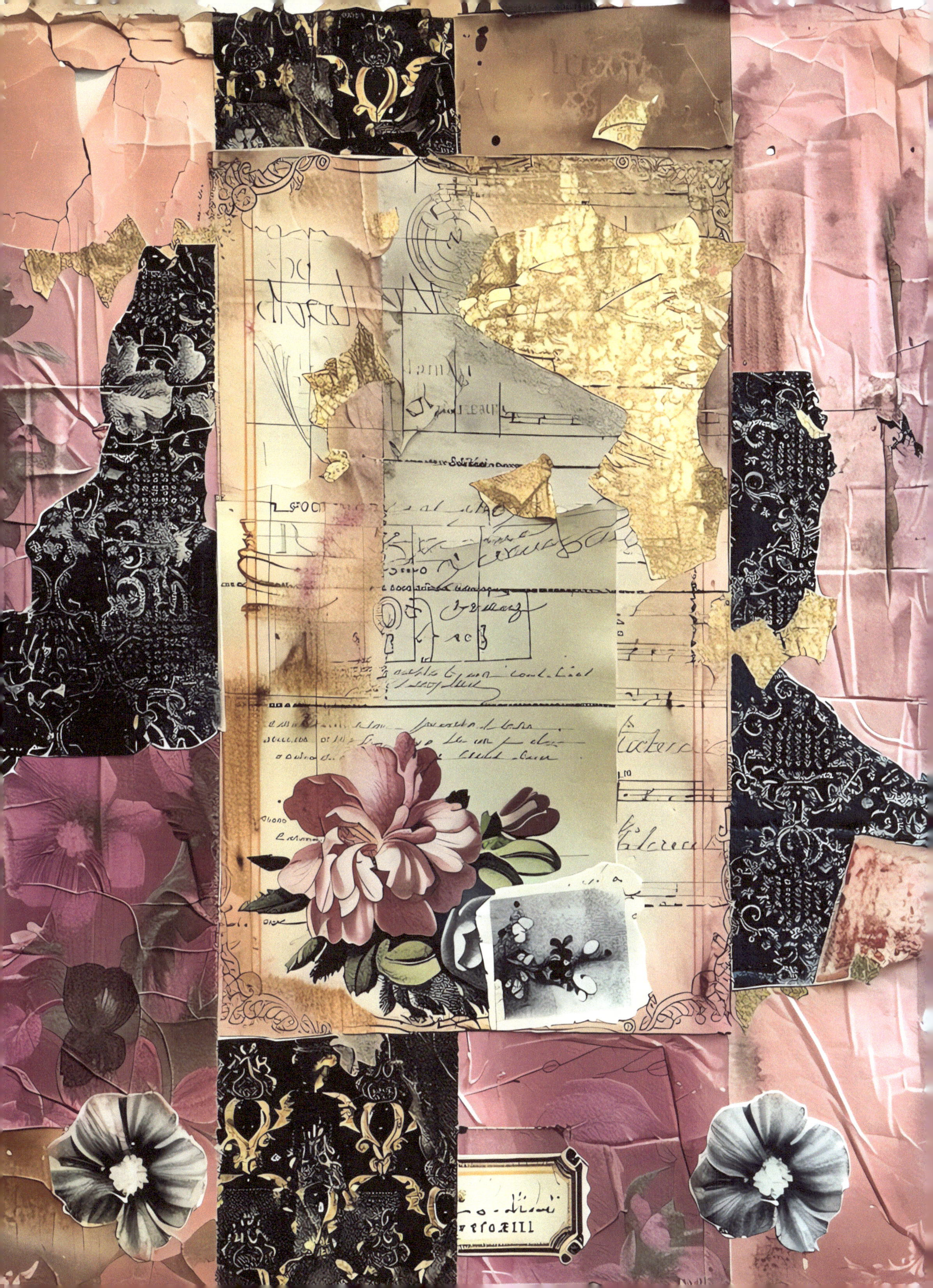

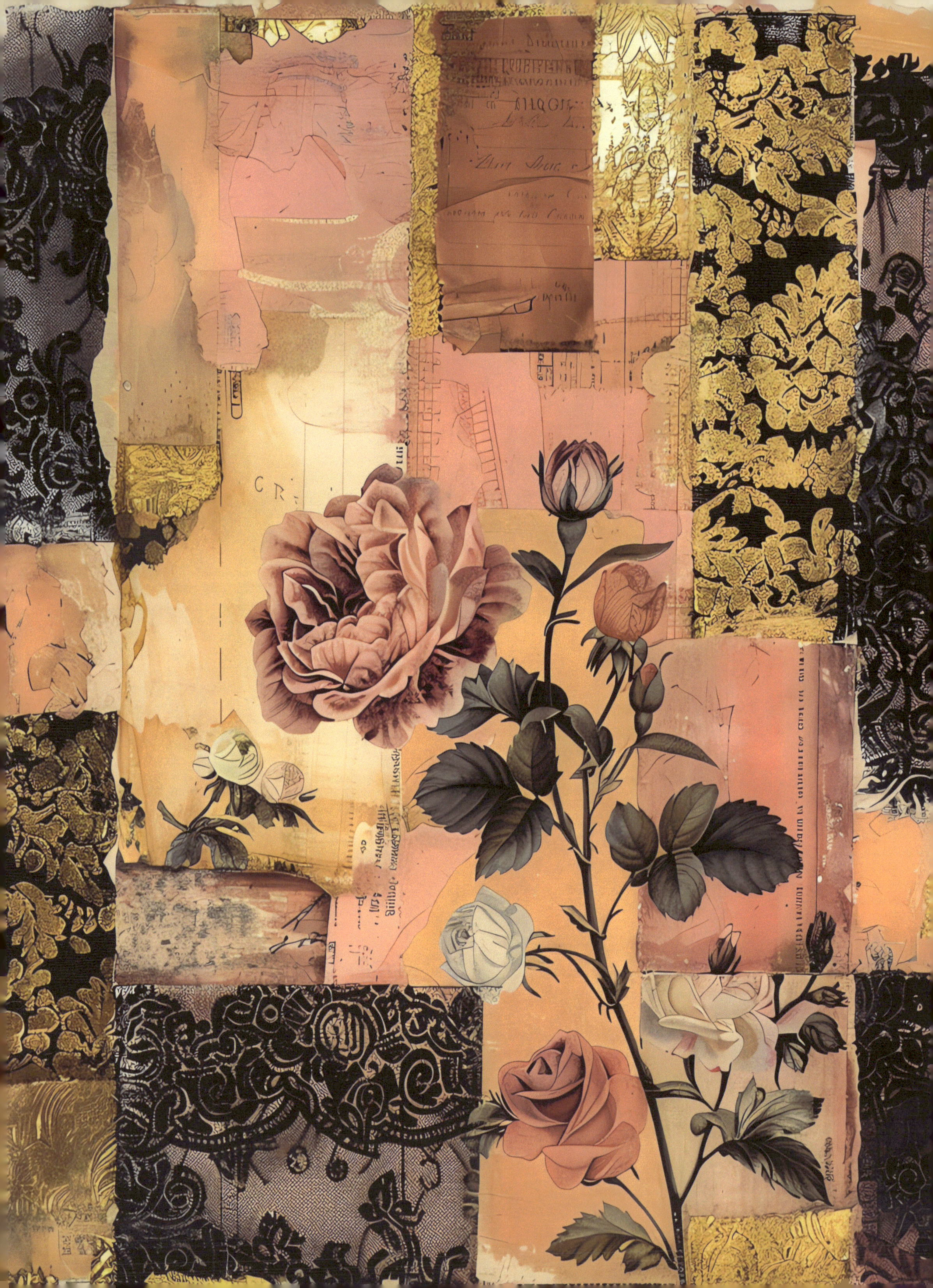

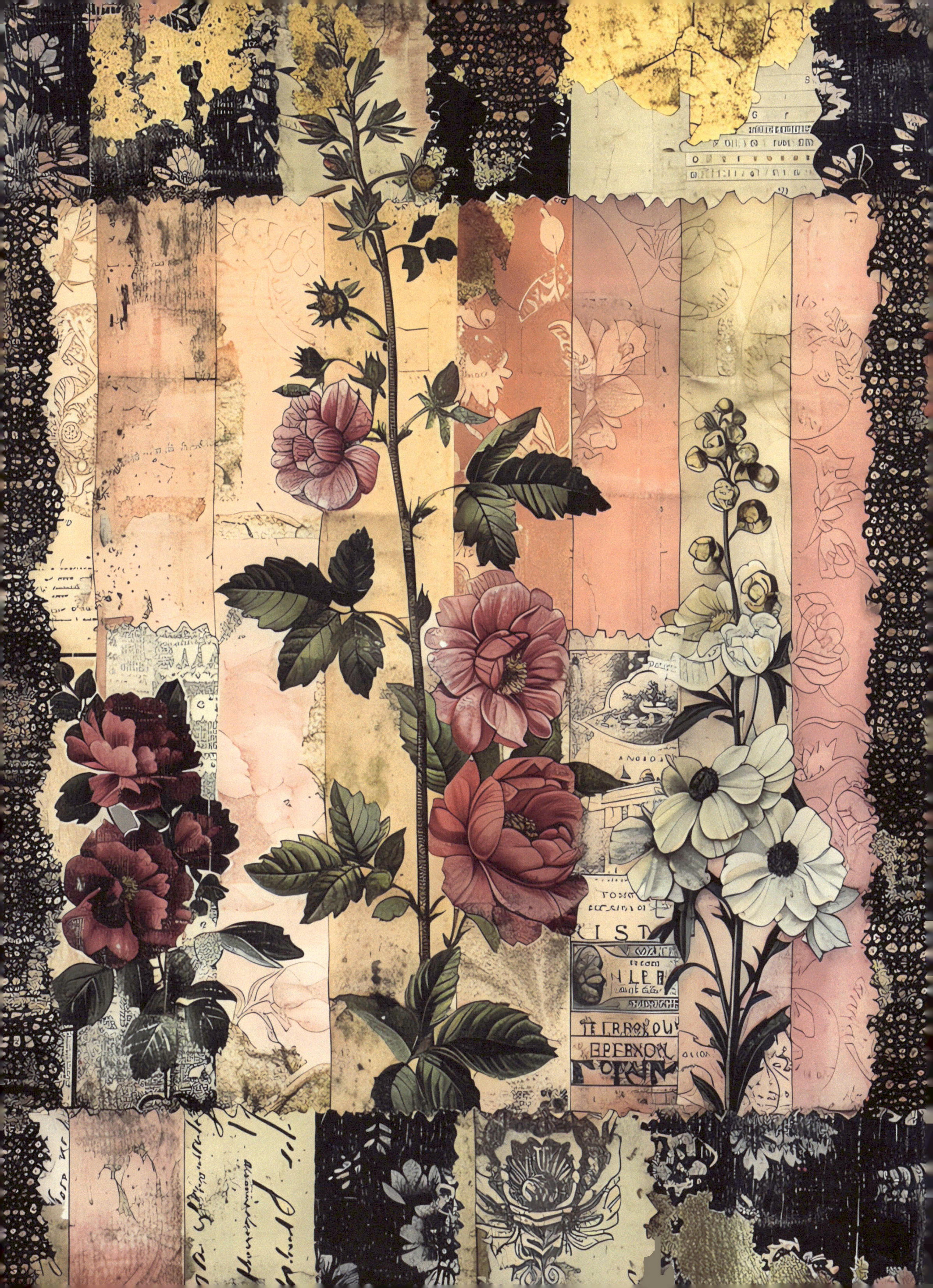

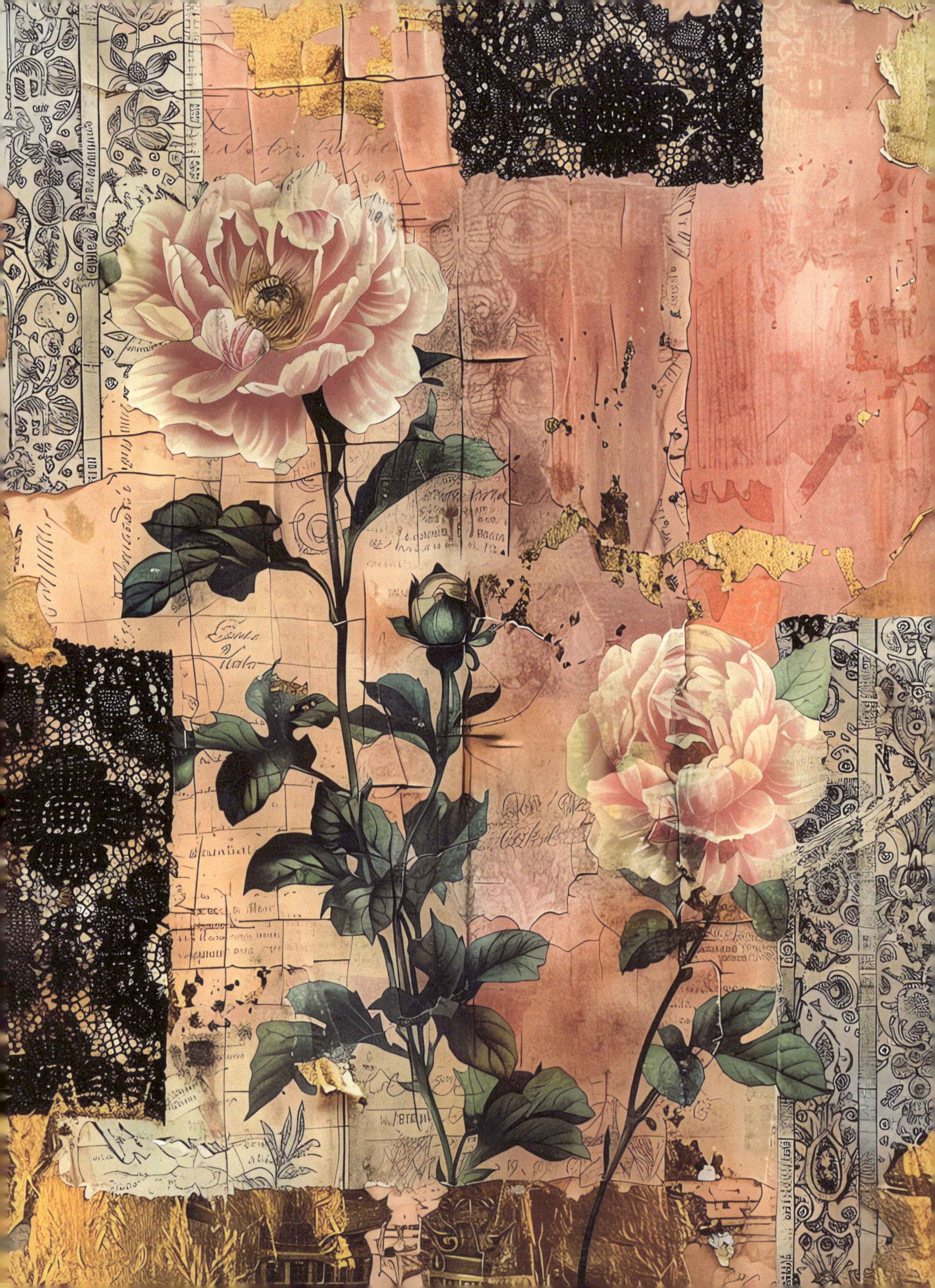

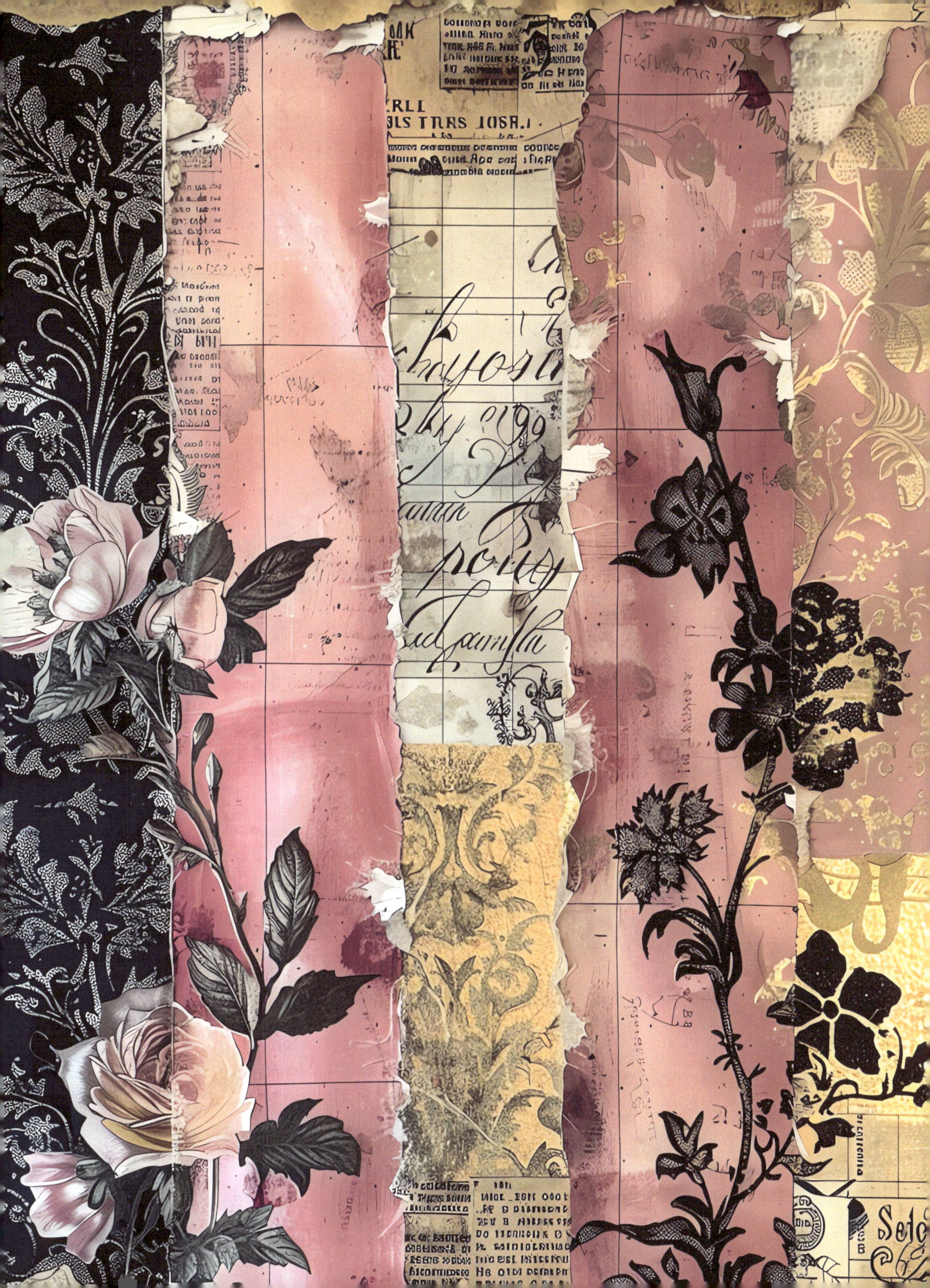

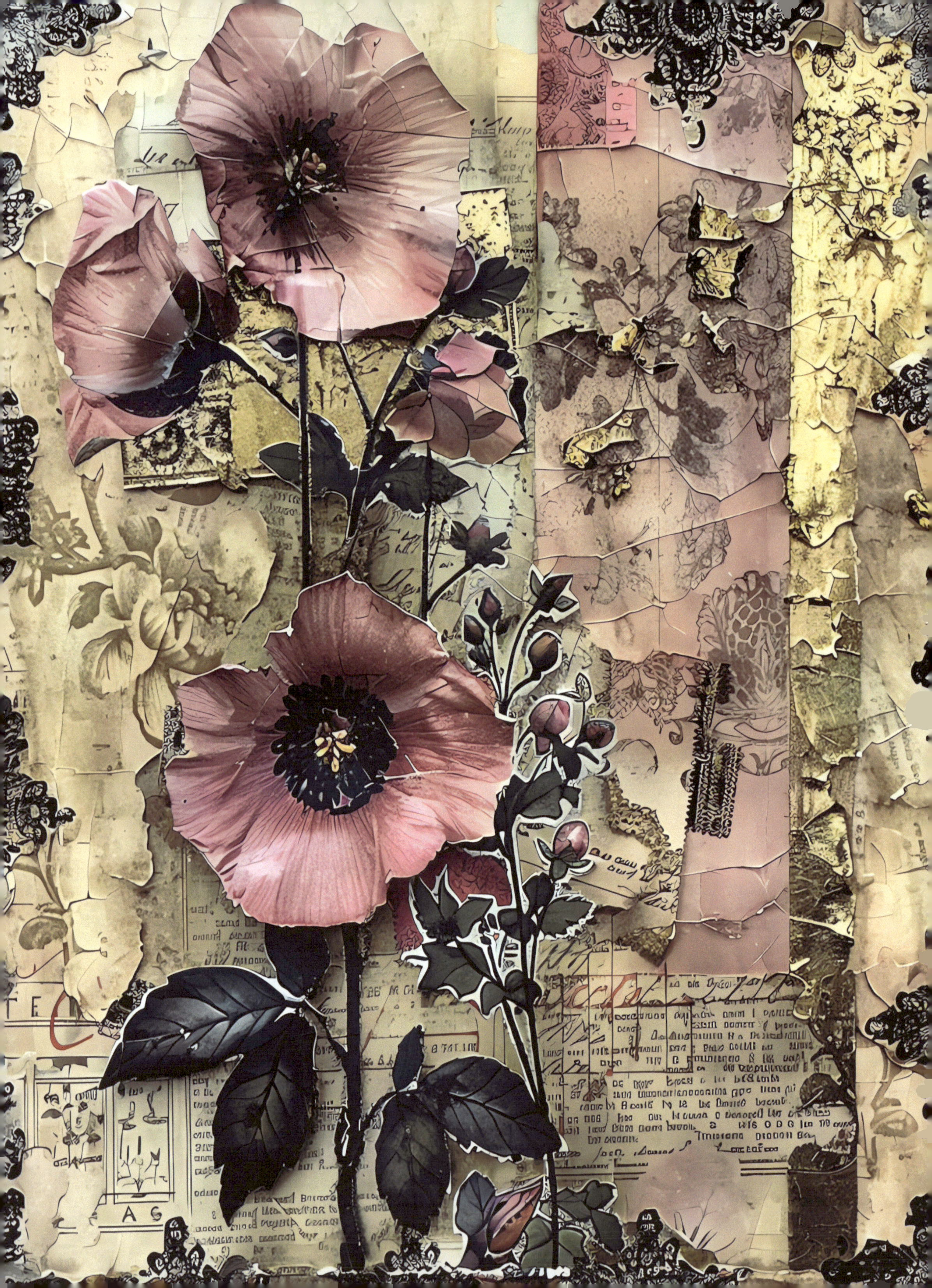

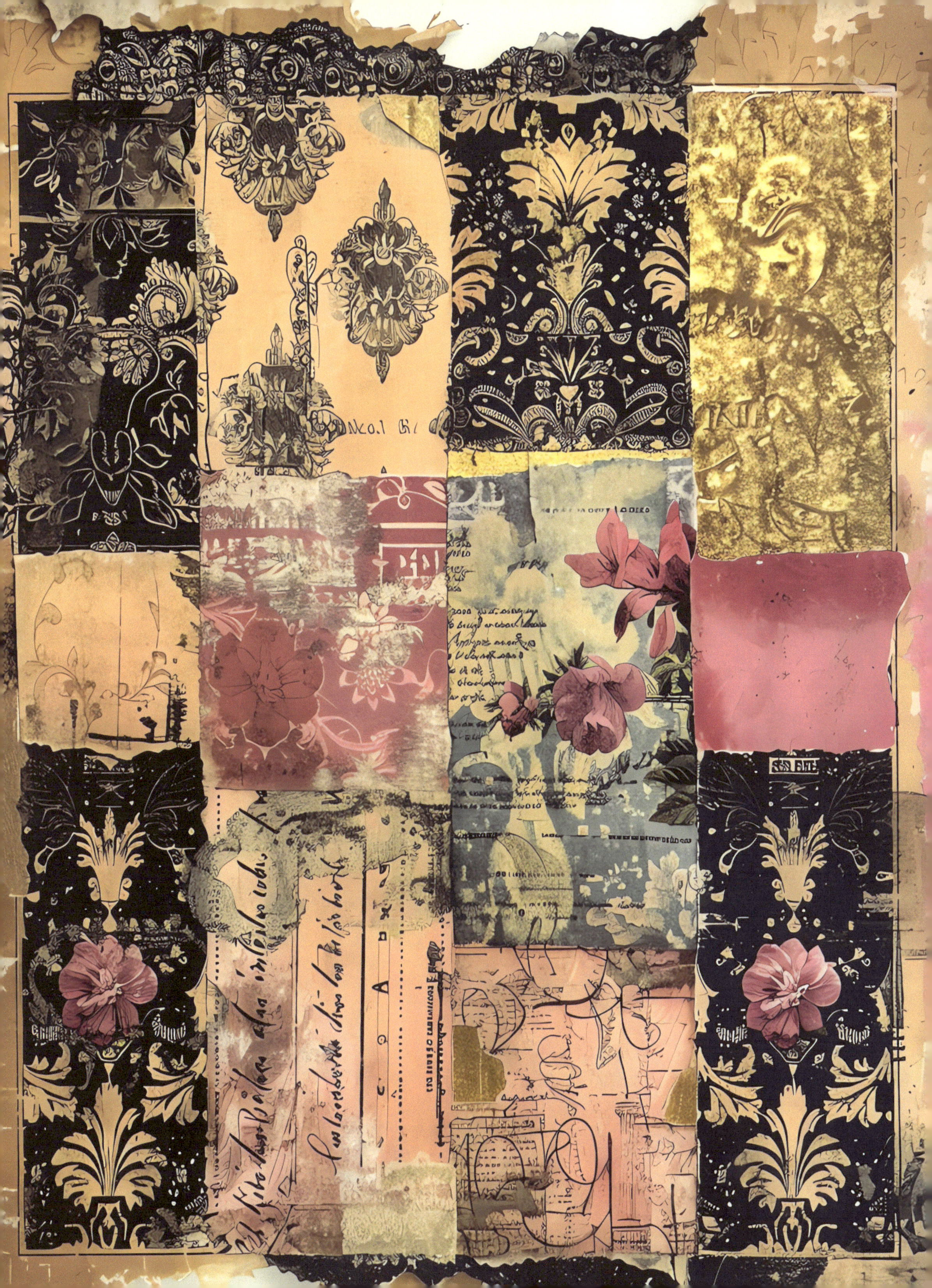

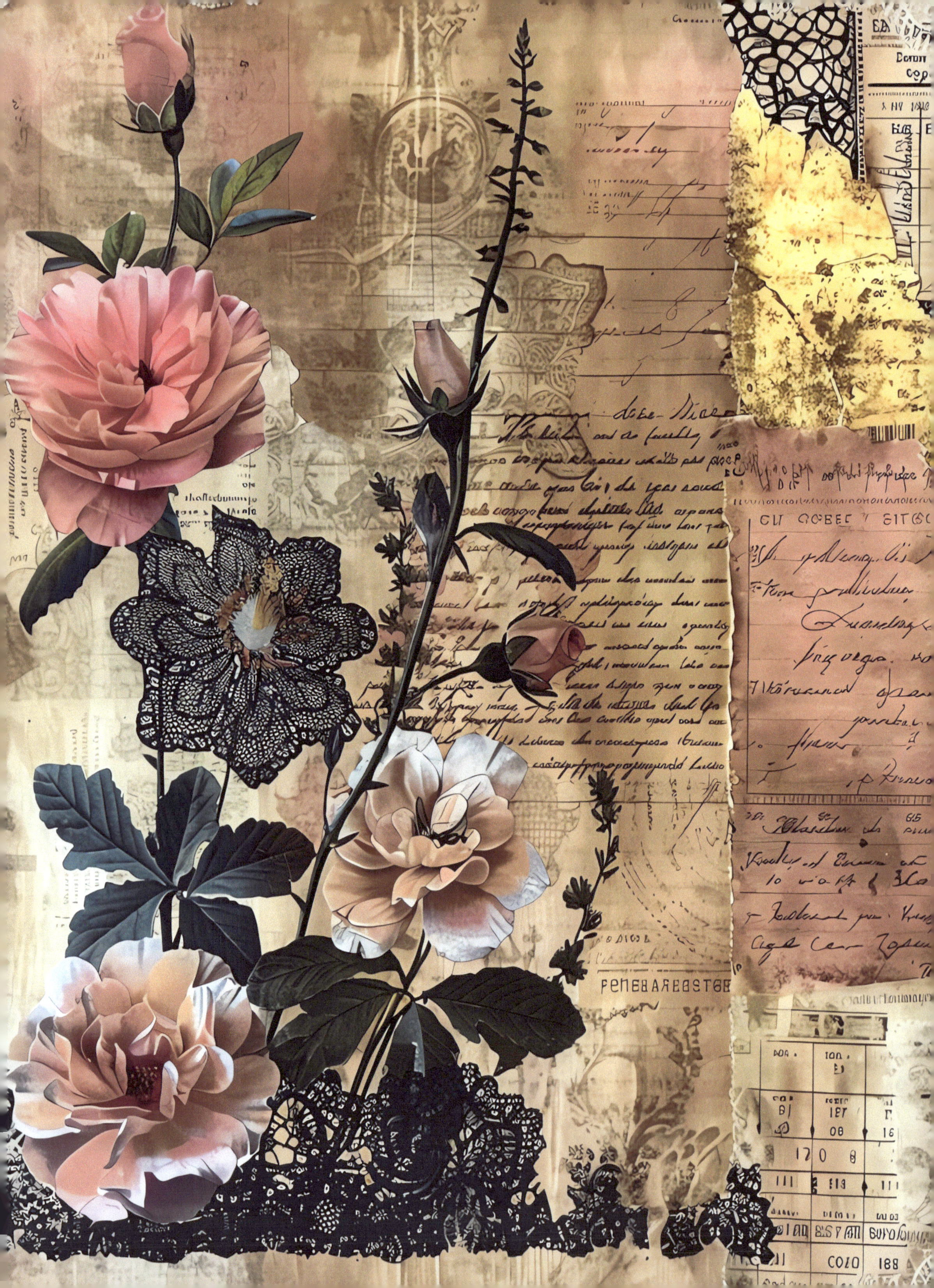

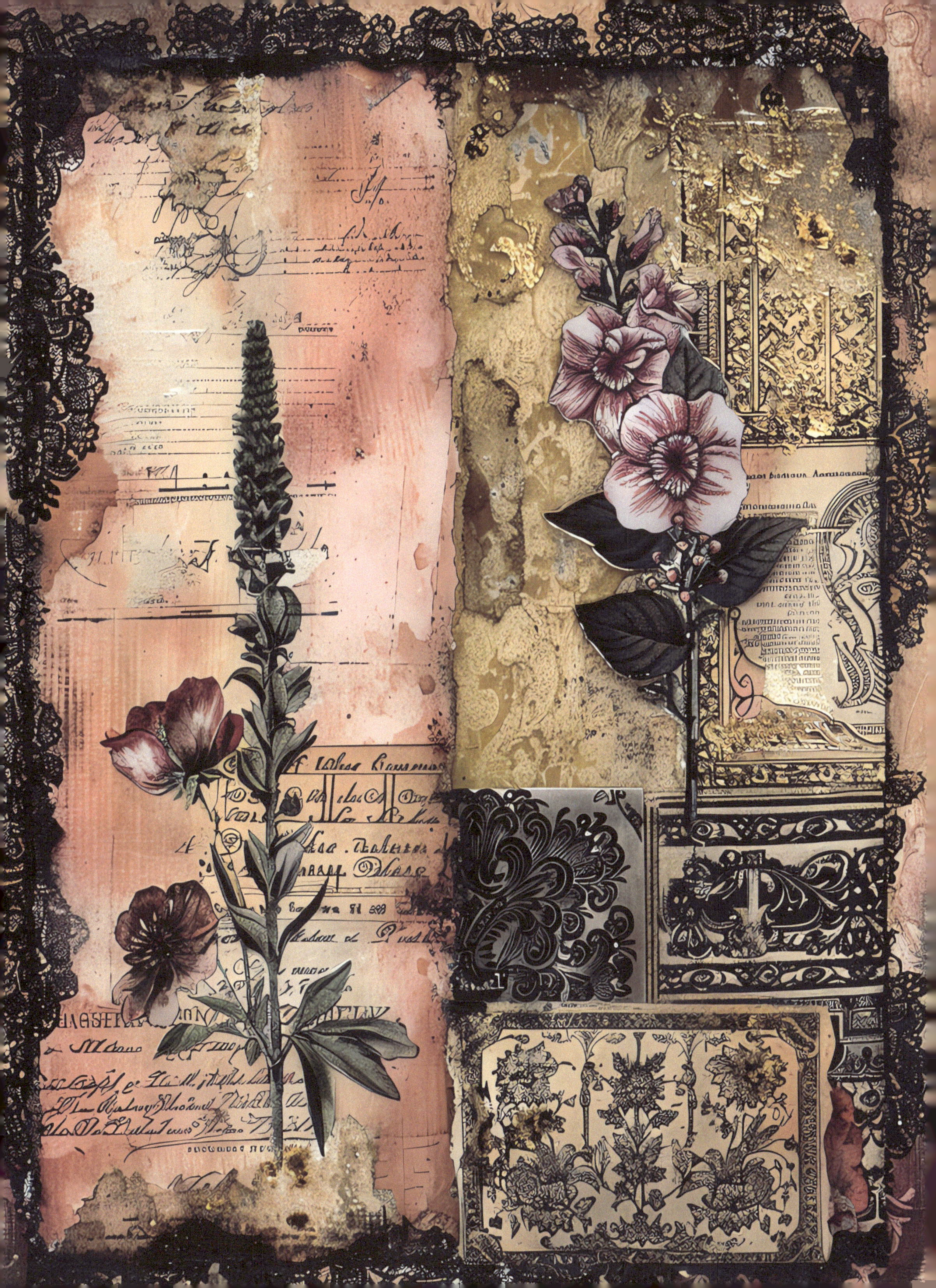

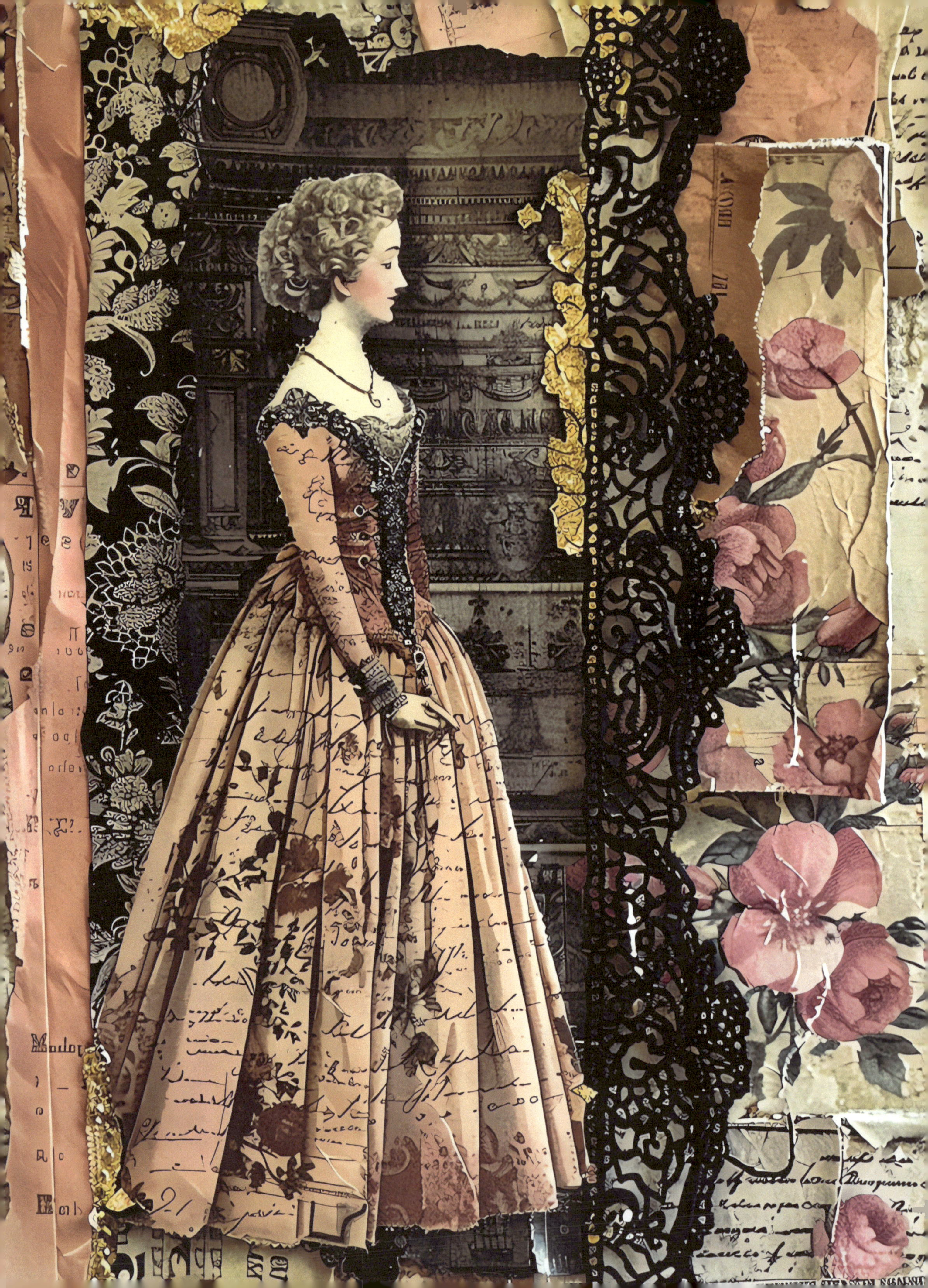

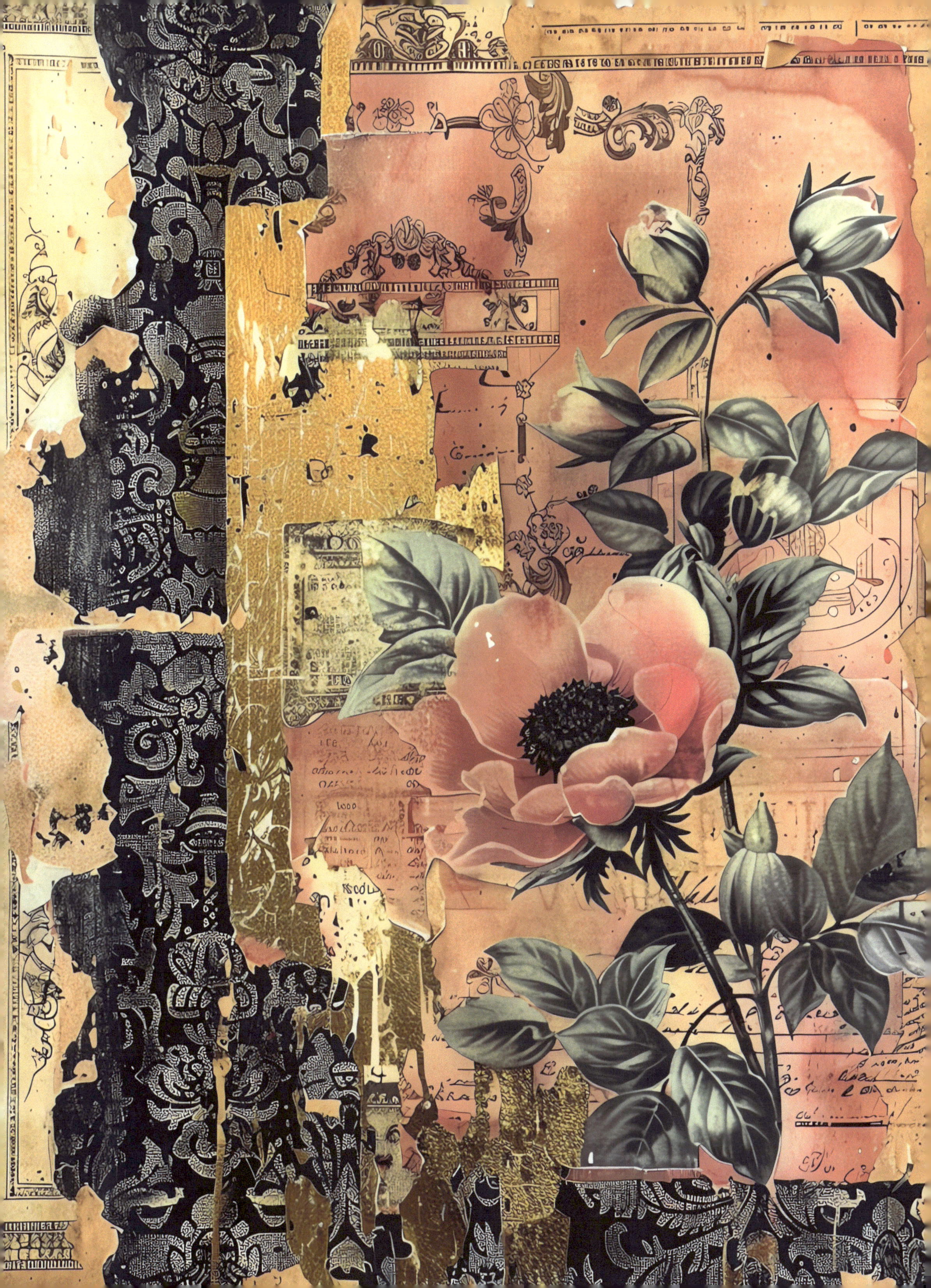

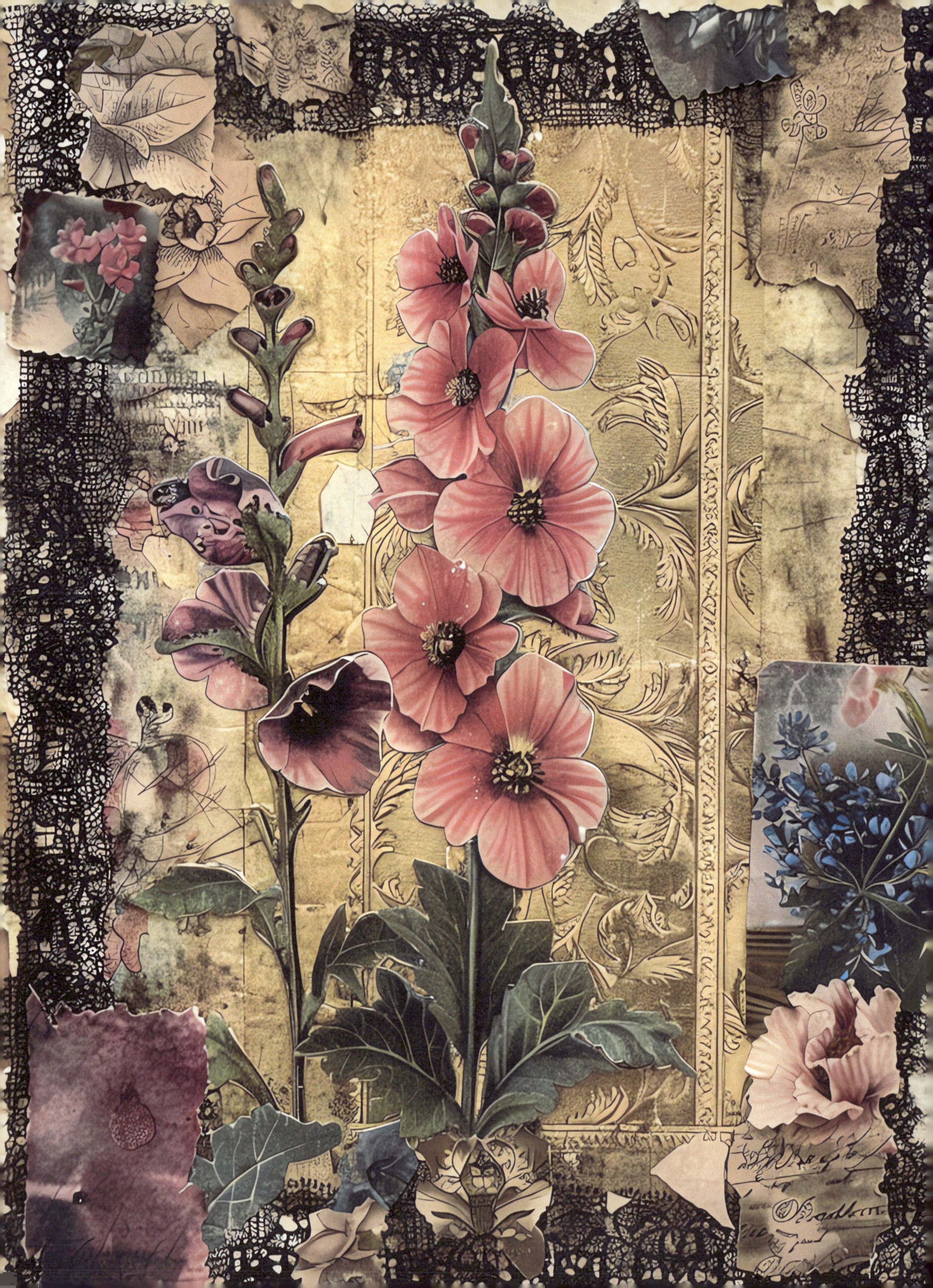

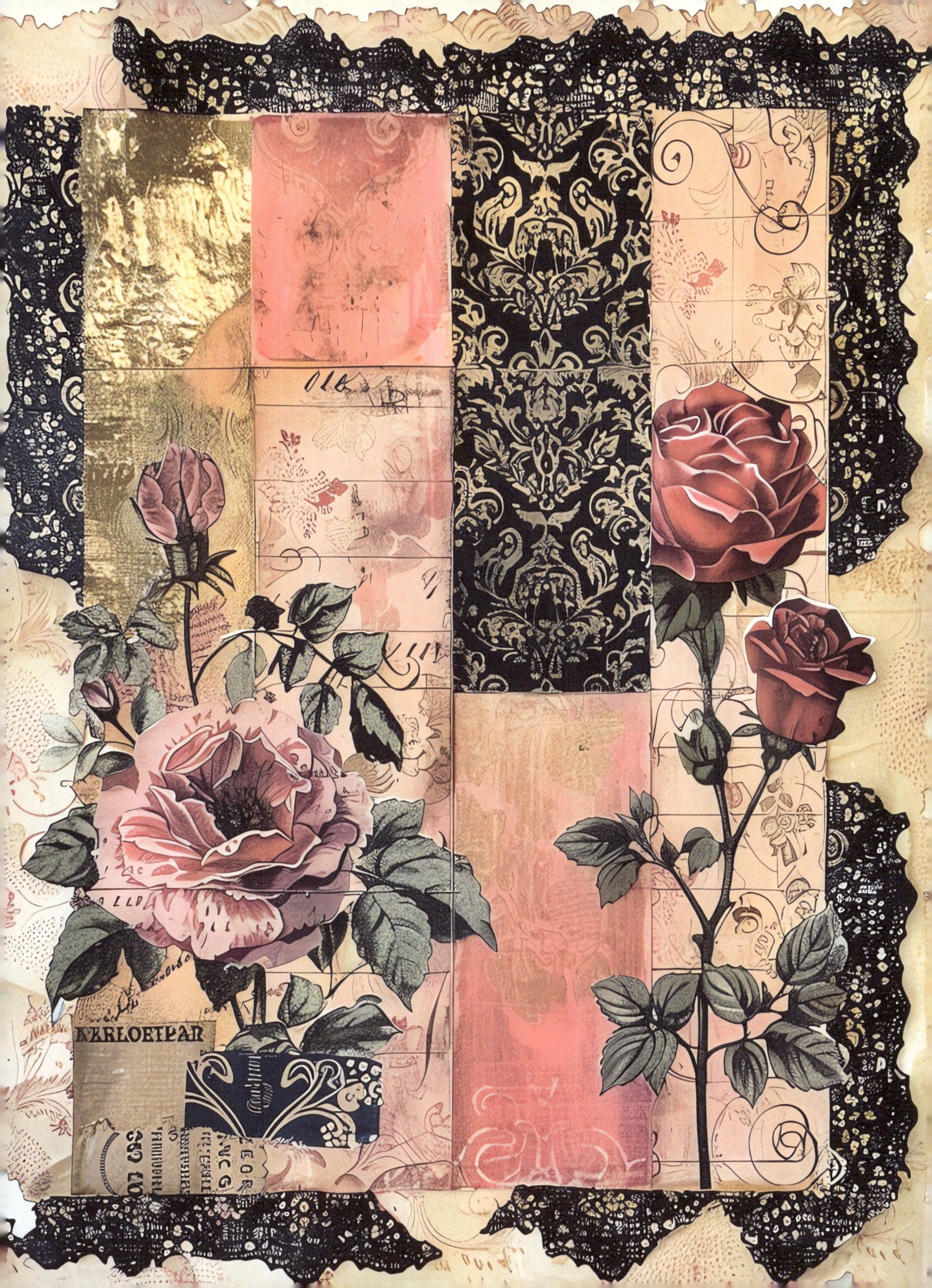

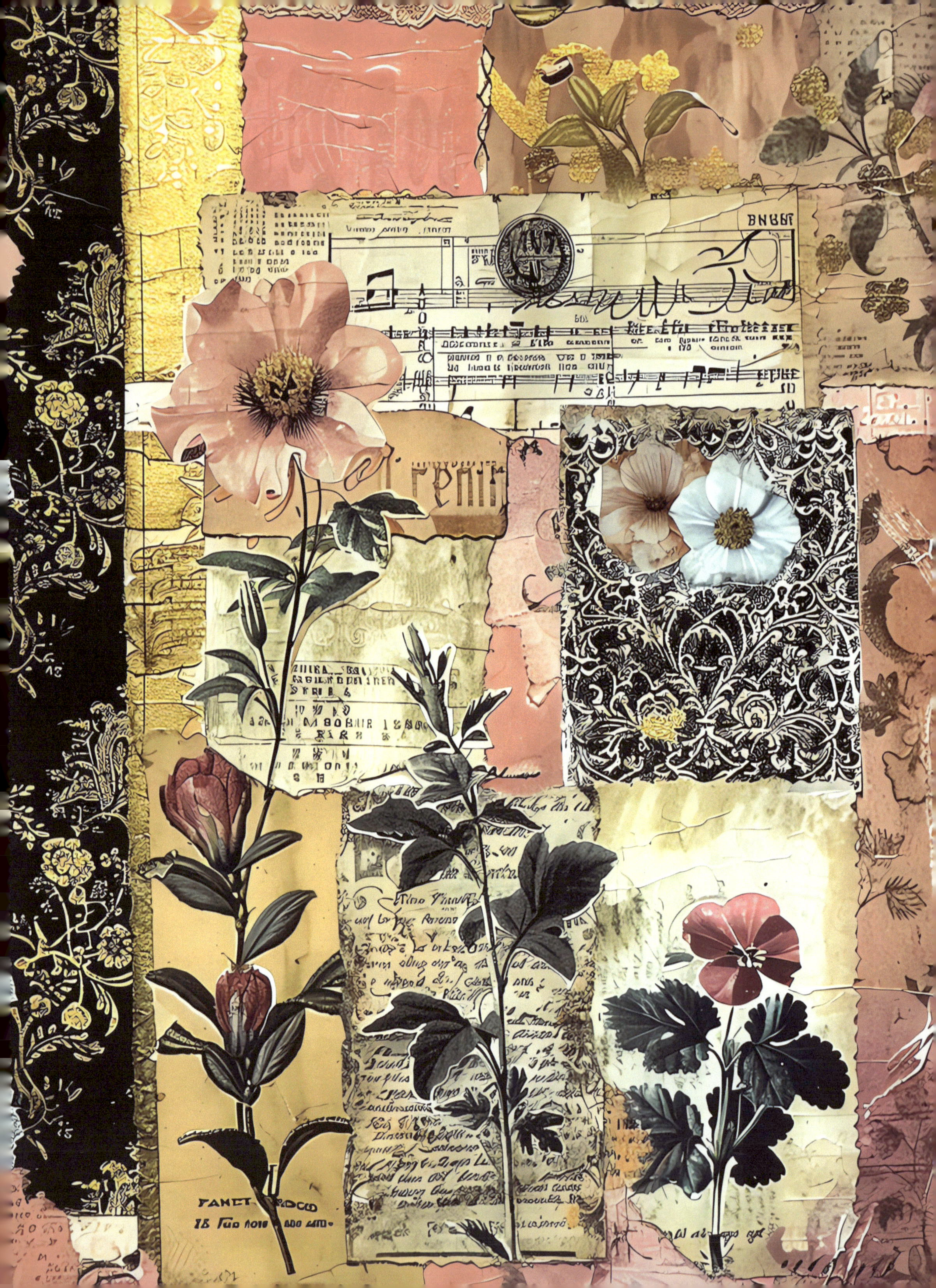

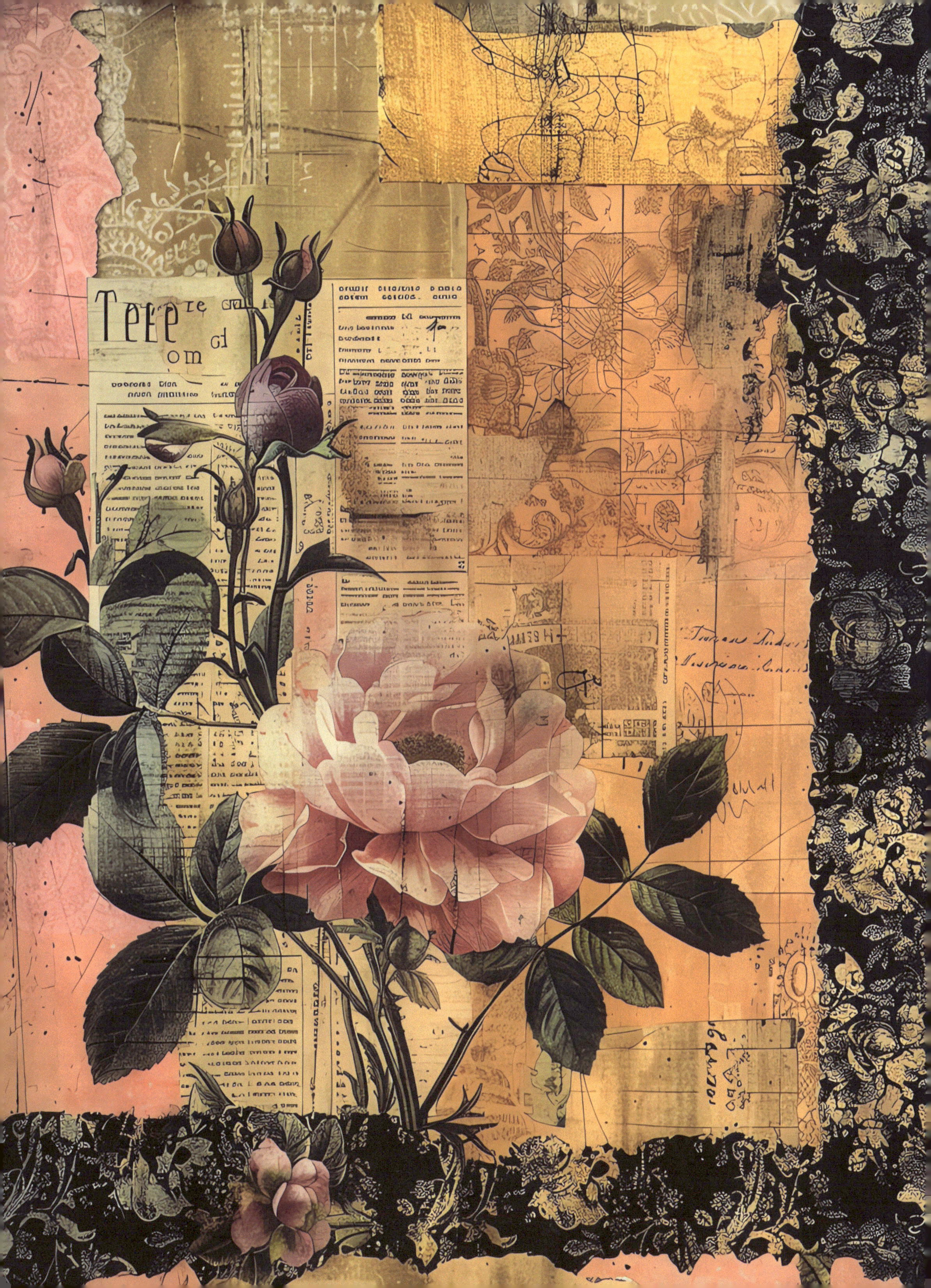

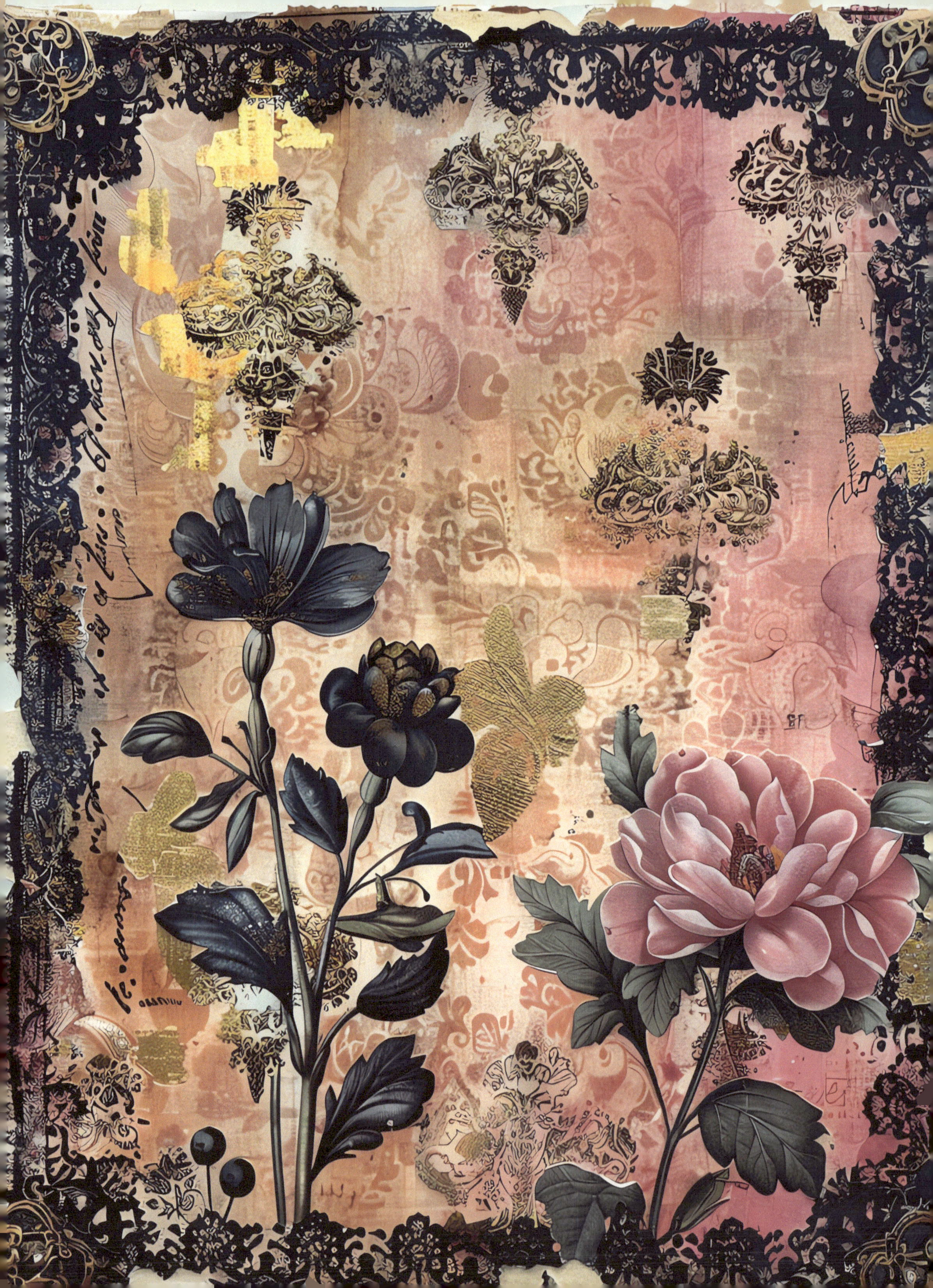

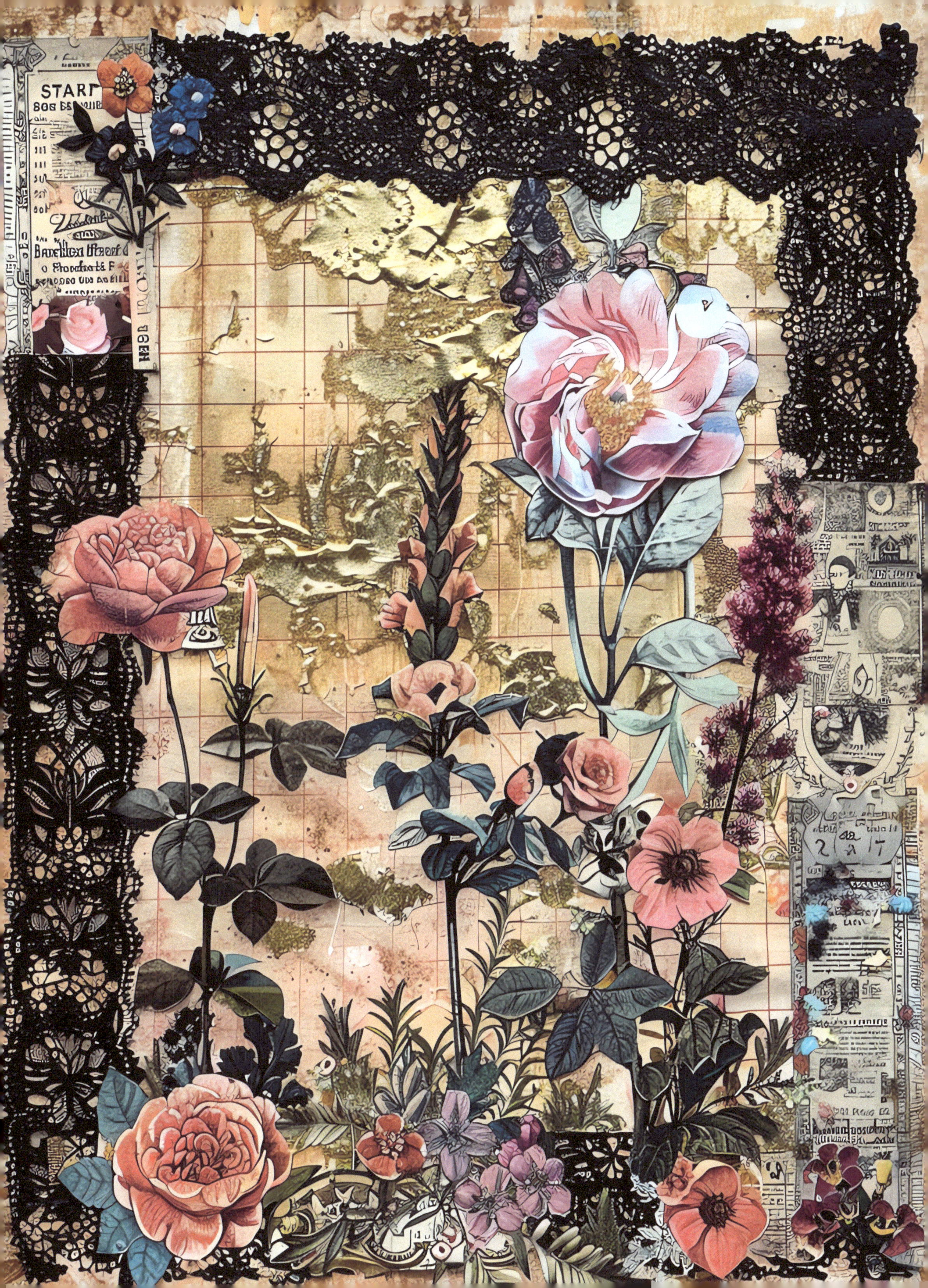

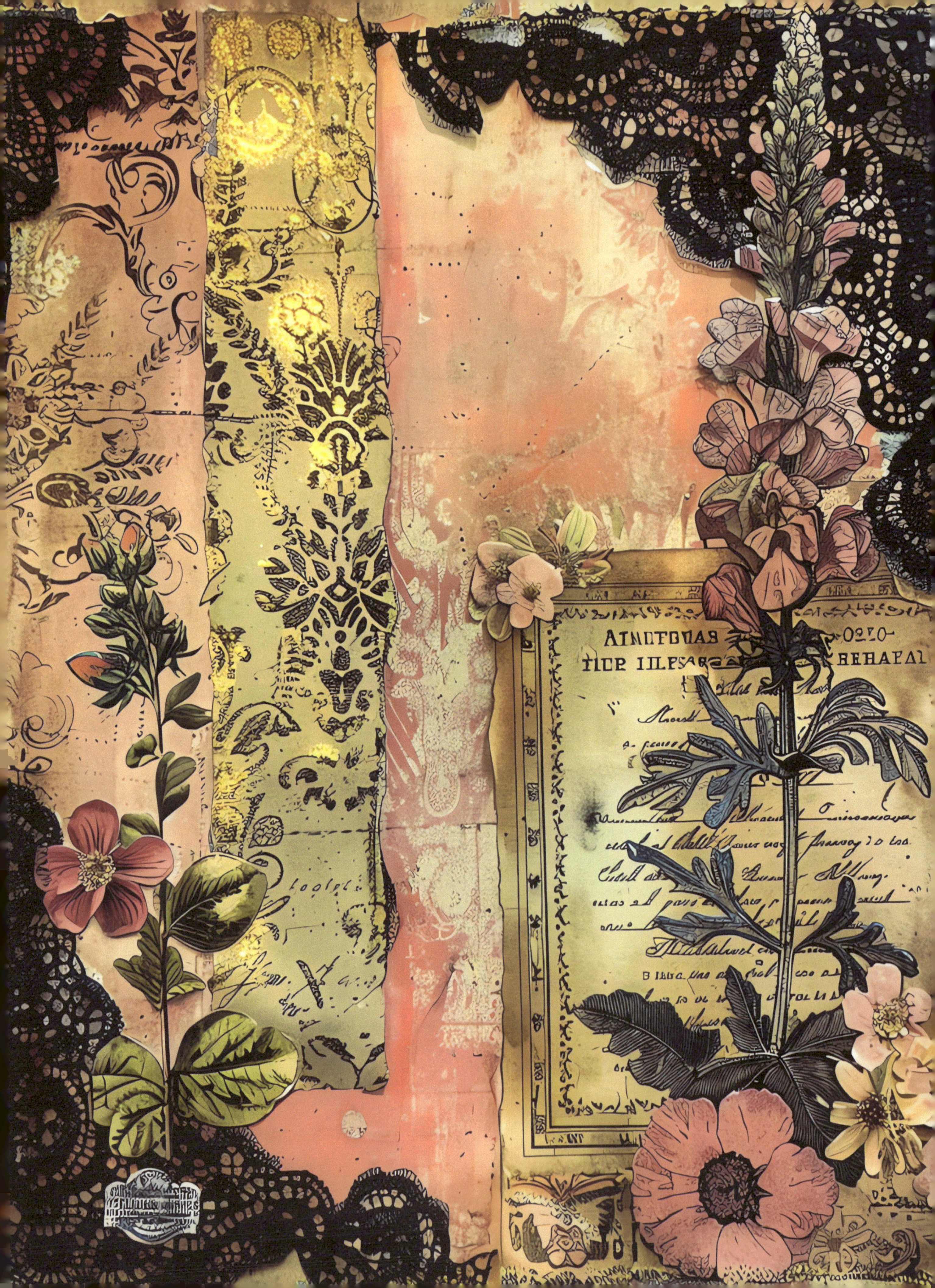

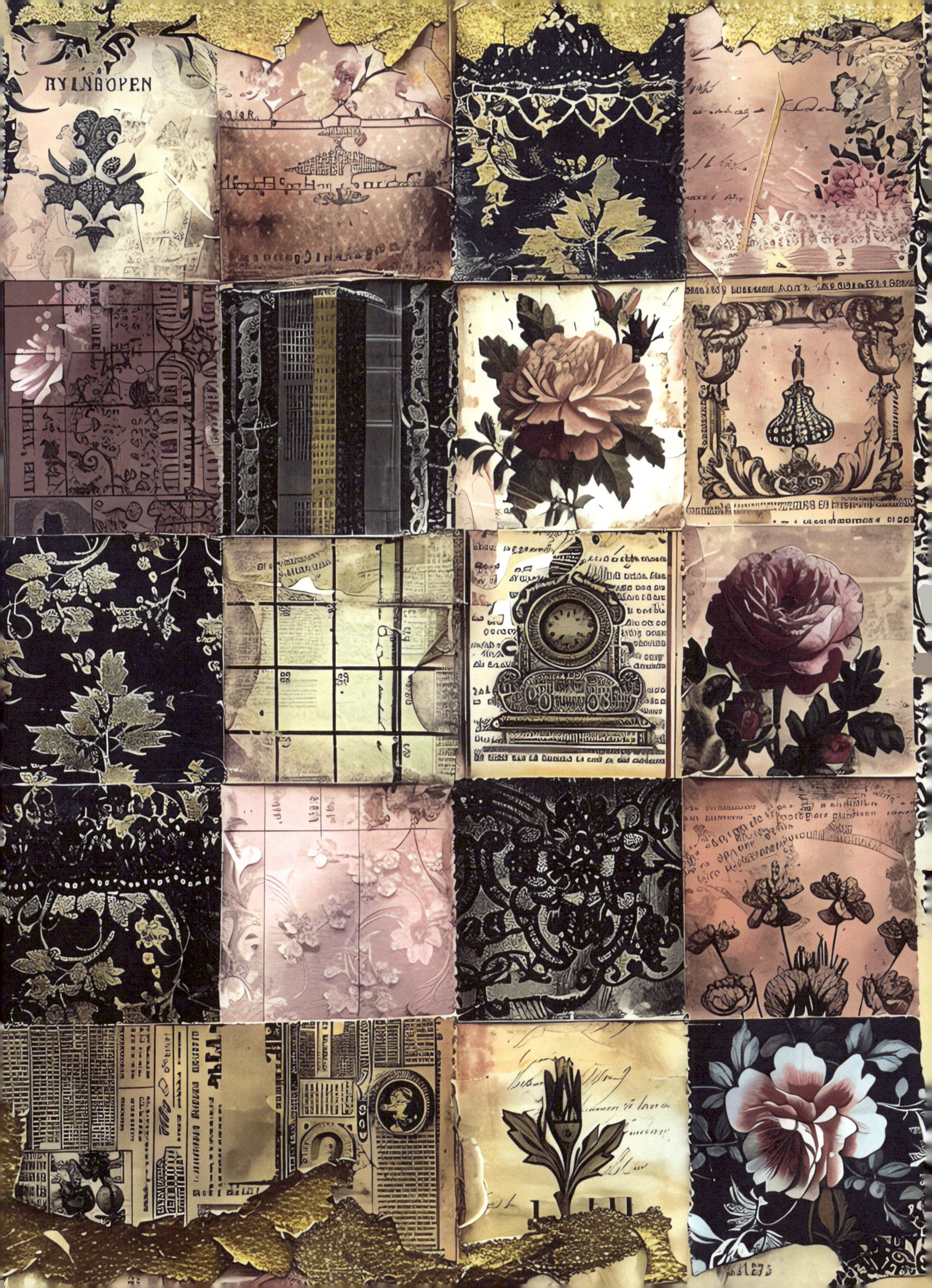

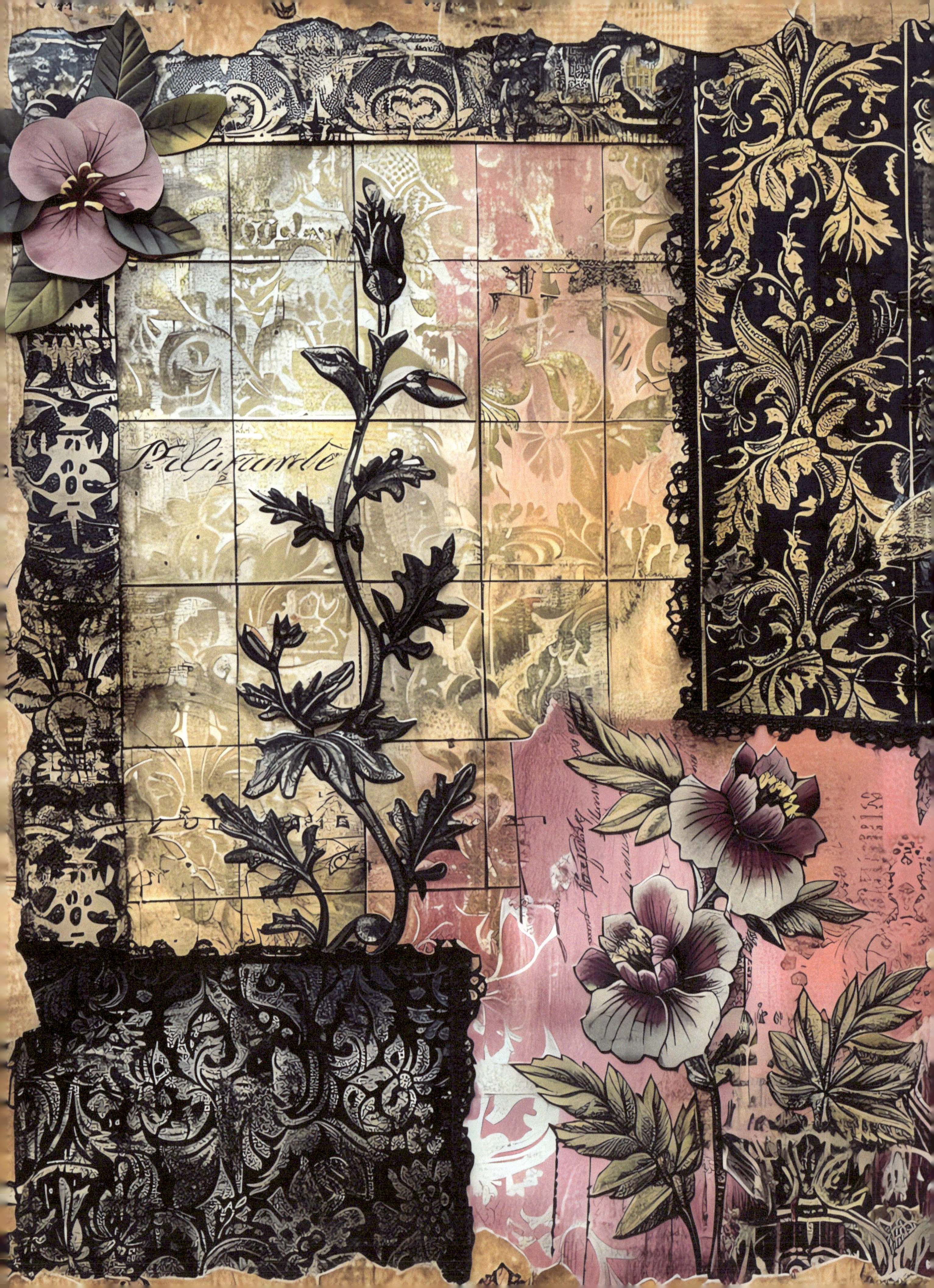

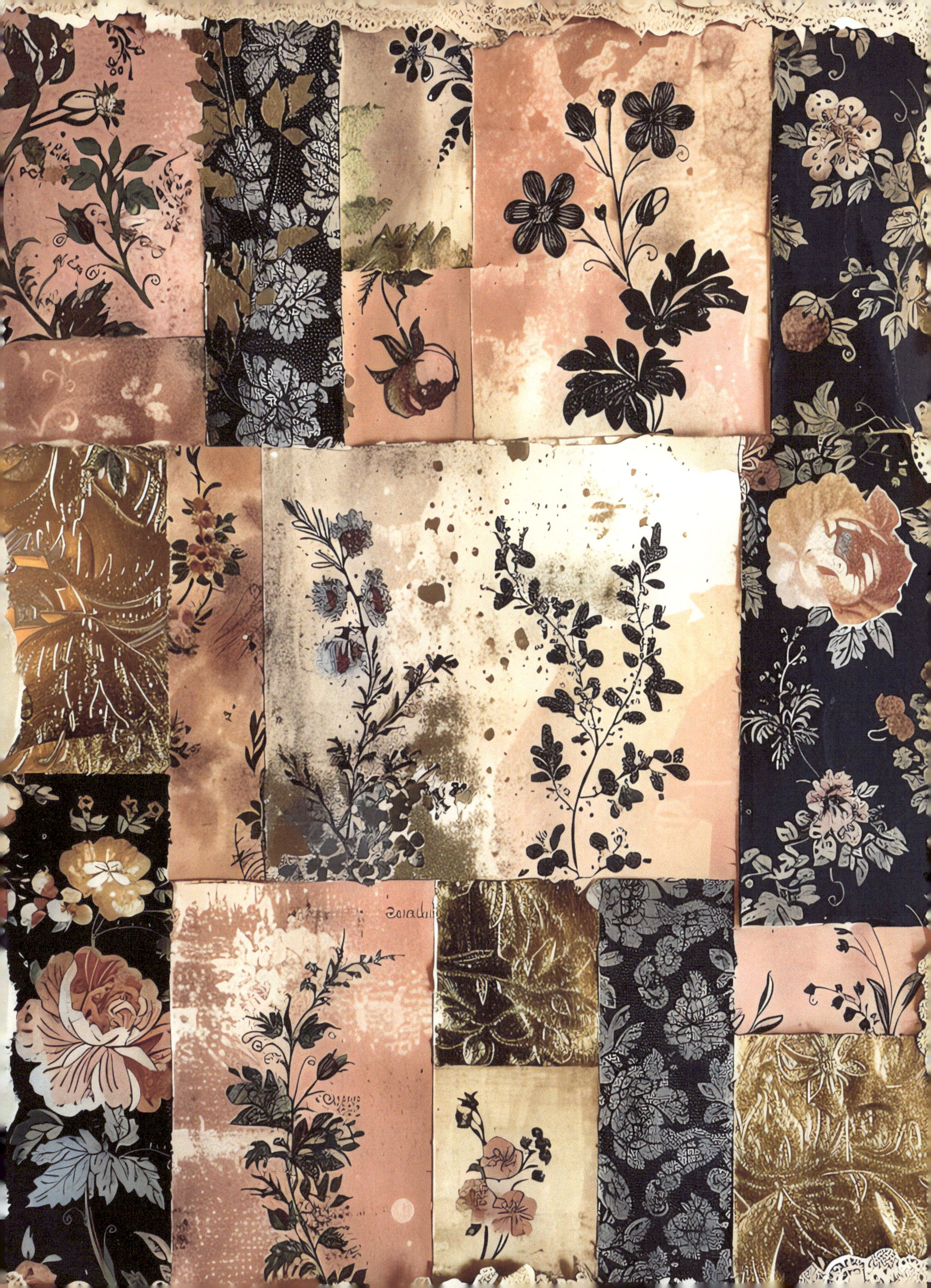

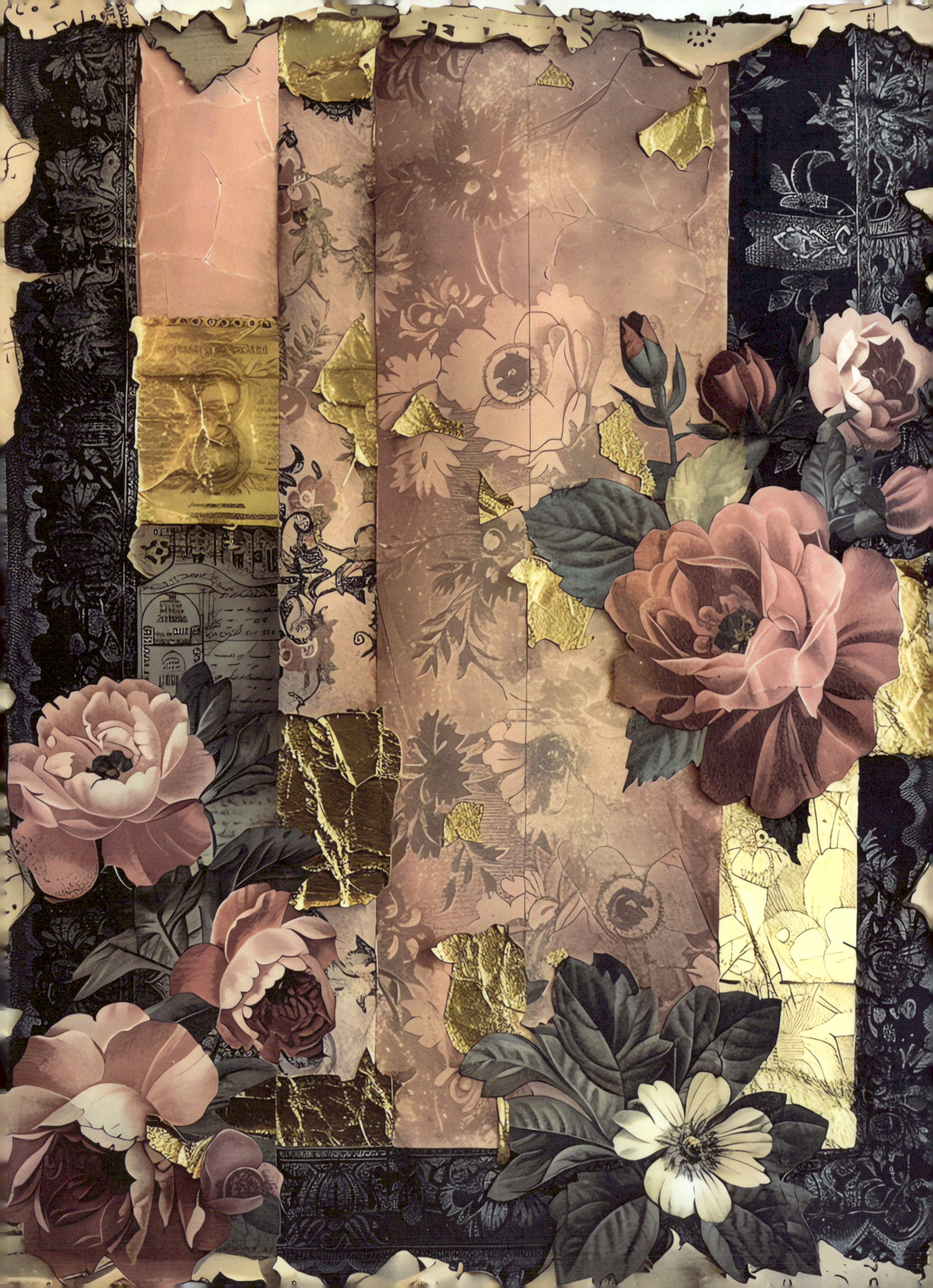

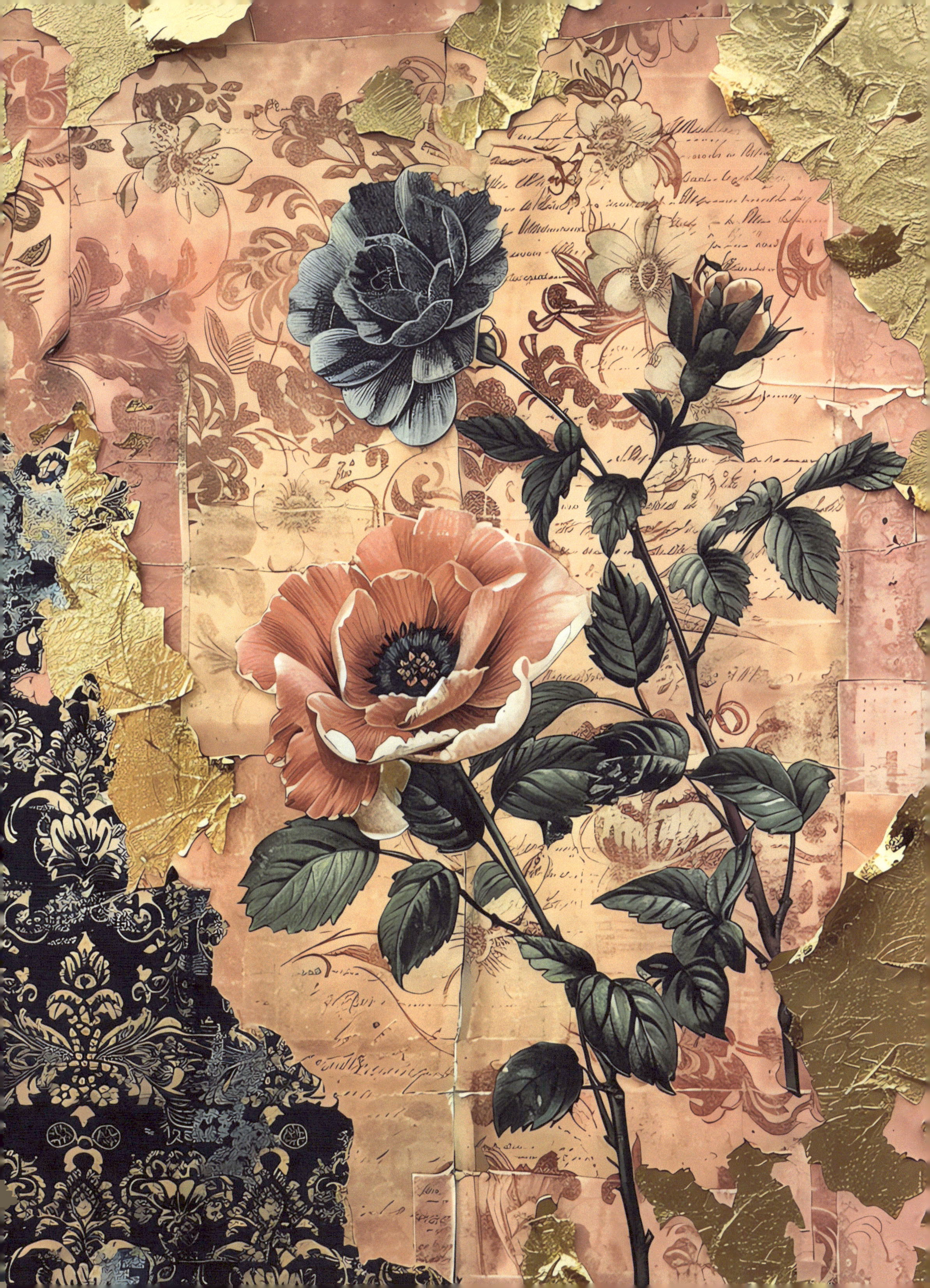

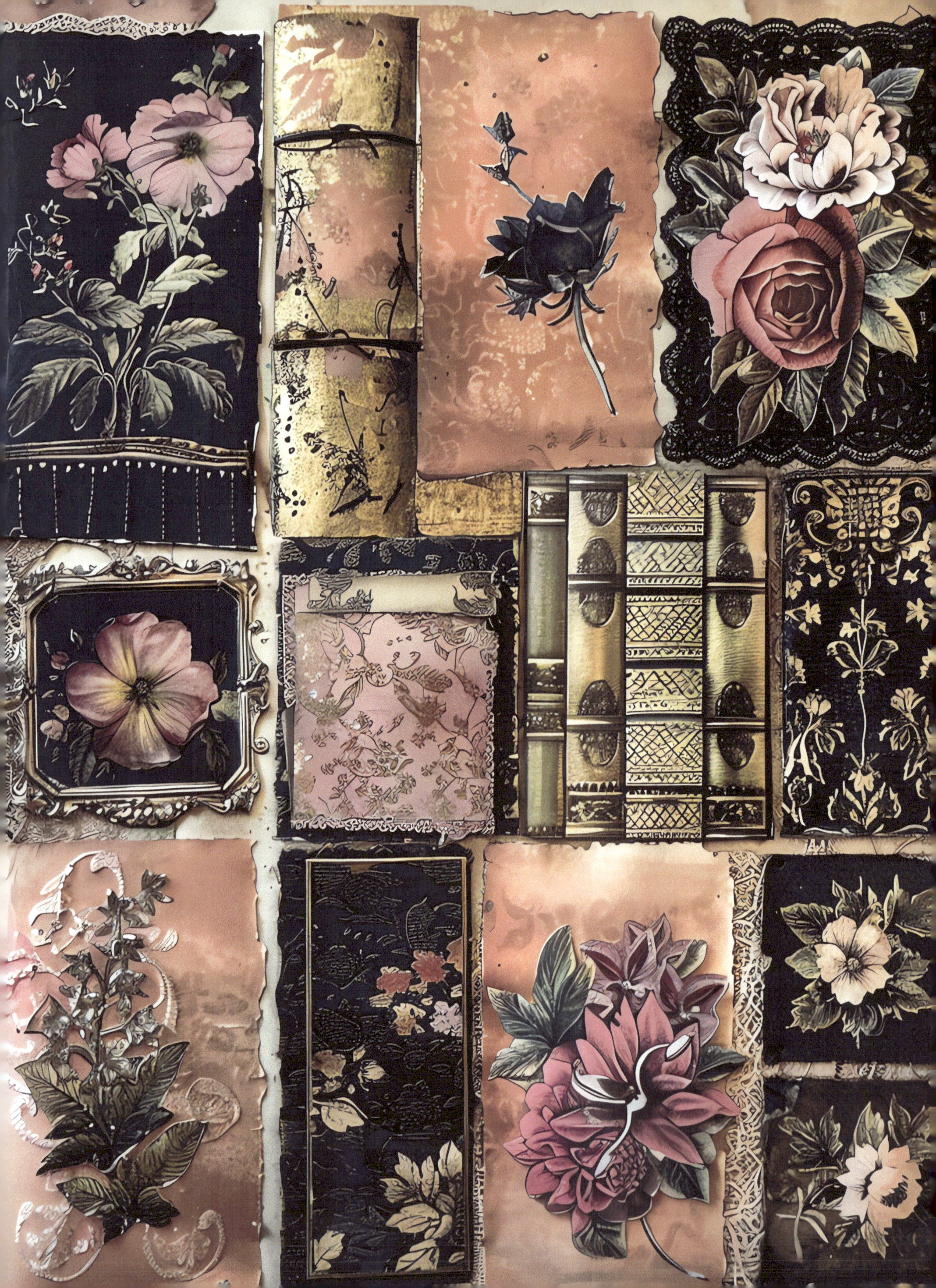

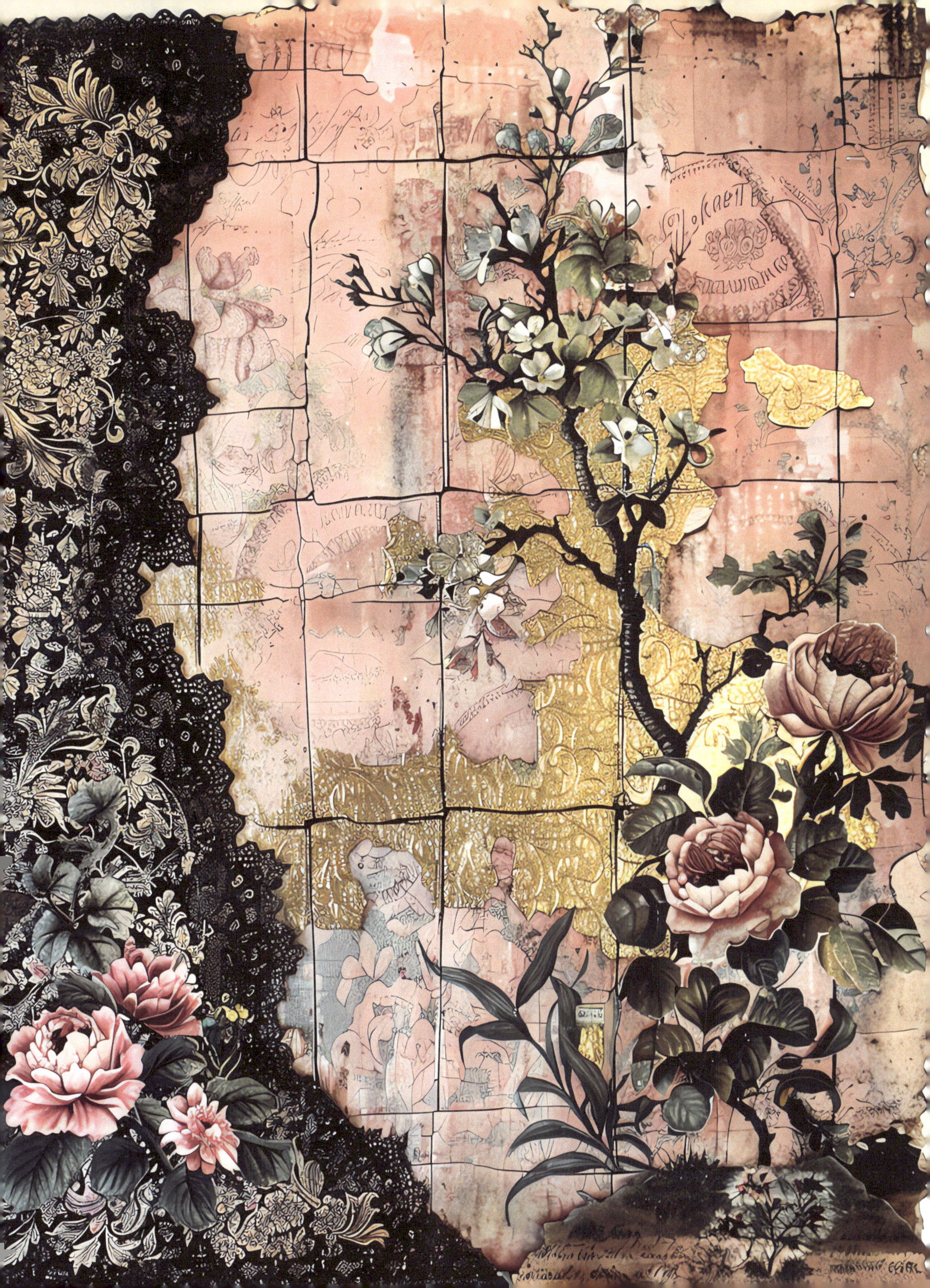

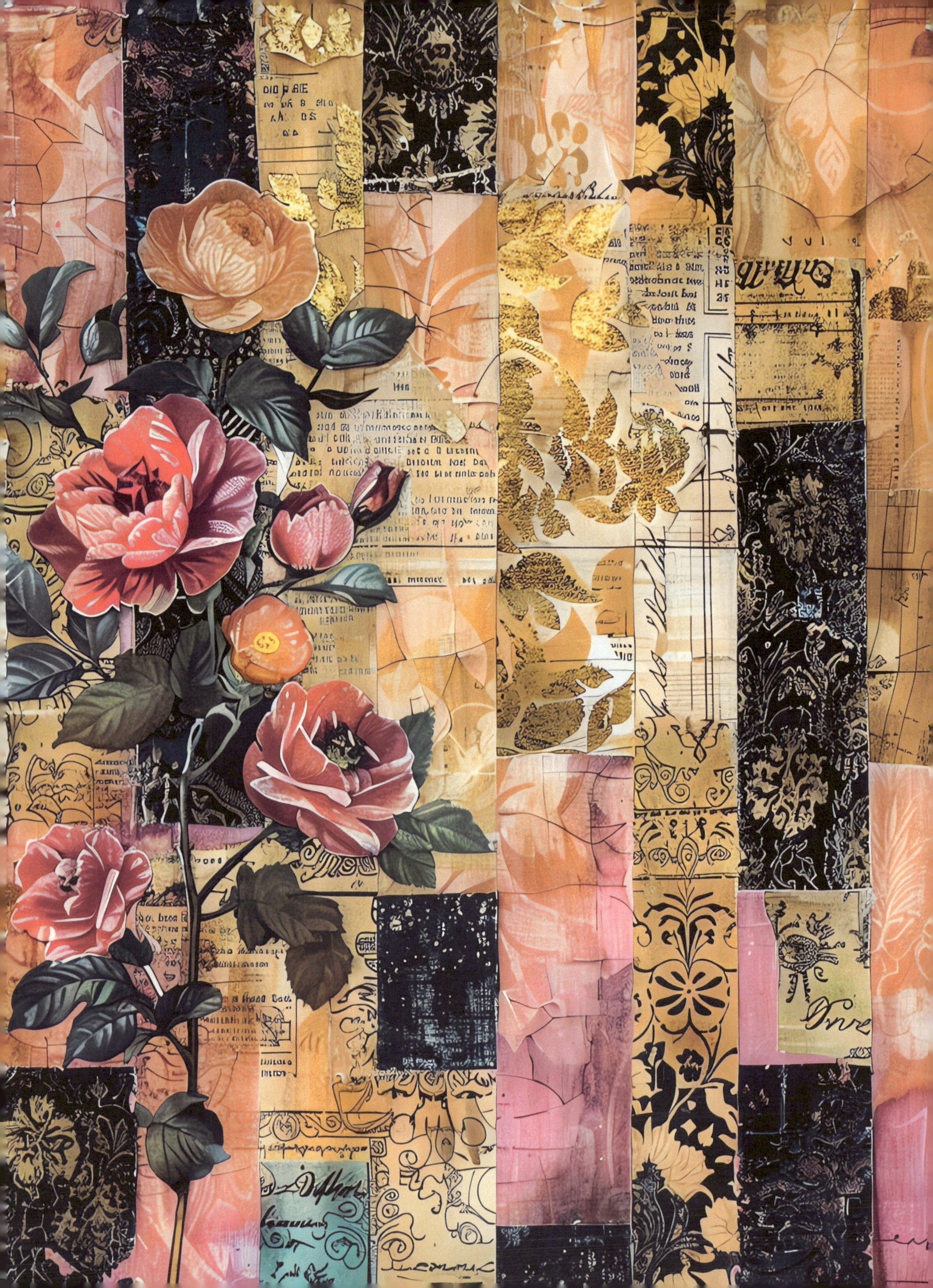

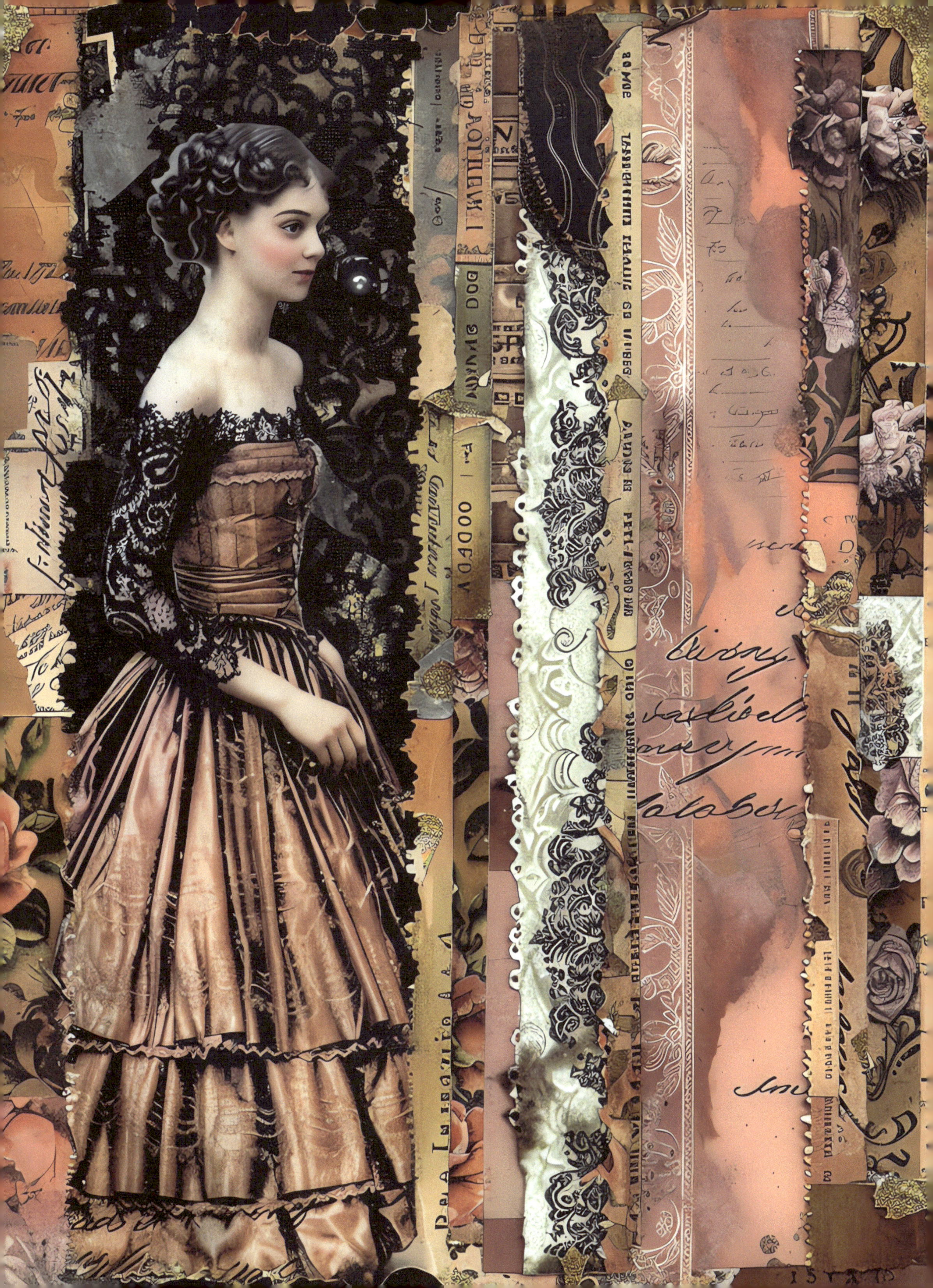

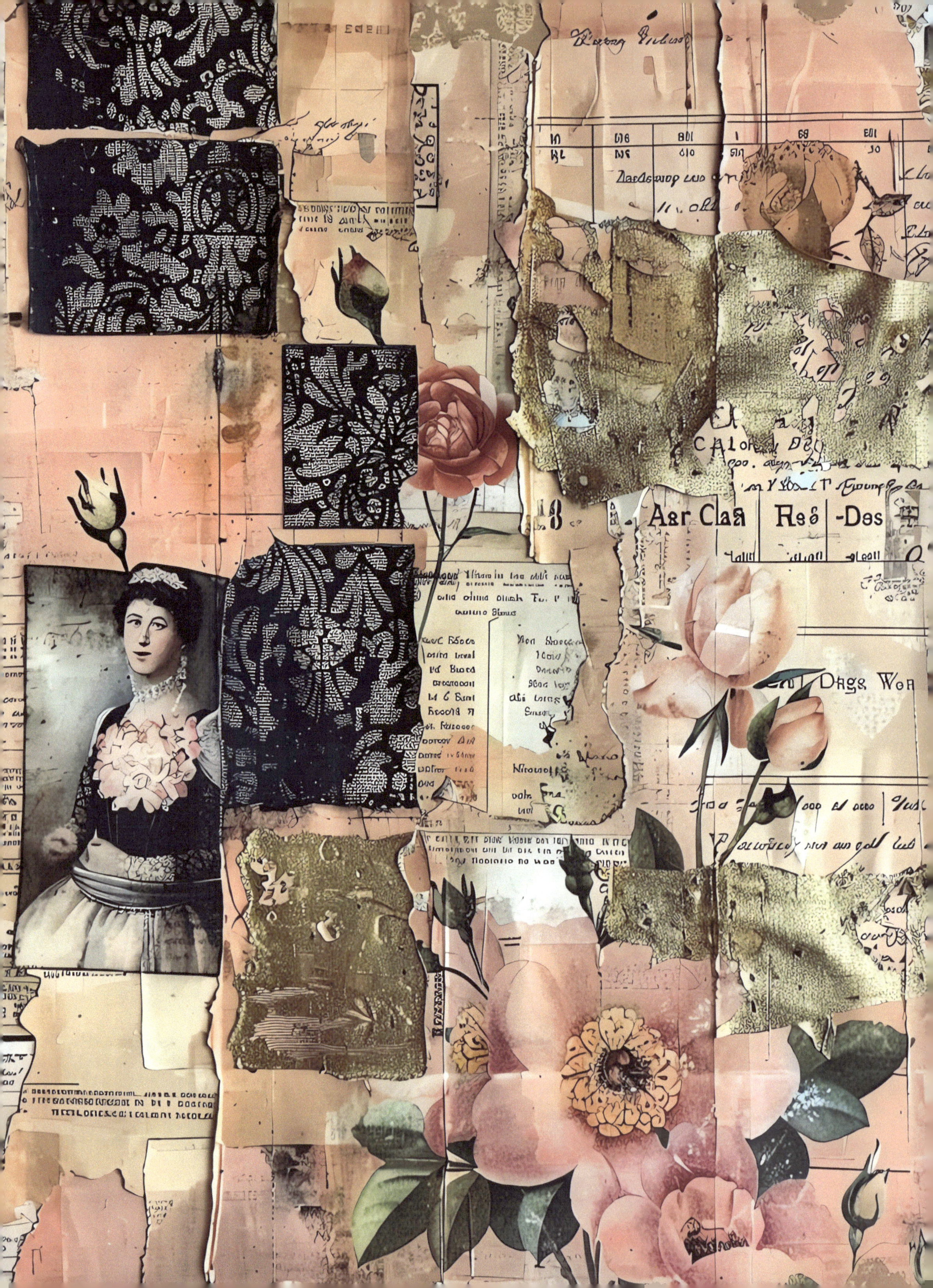

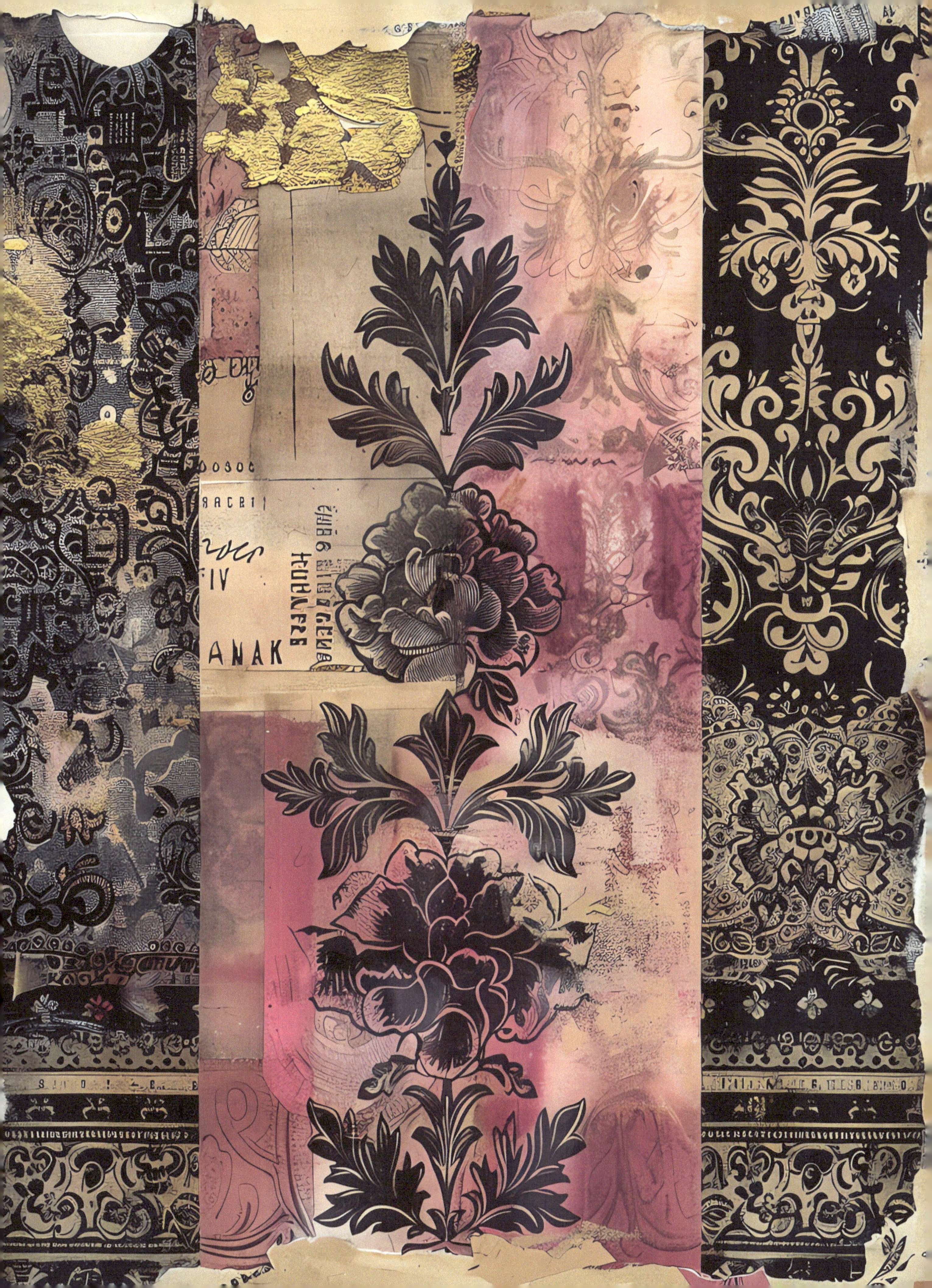
IV
ANAK

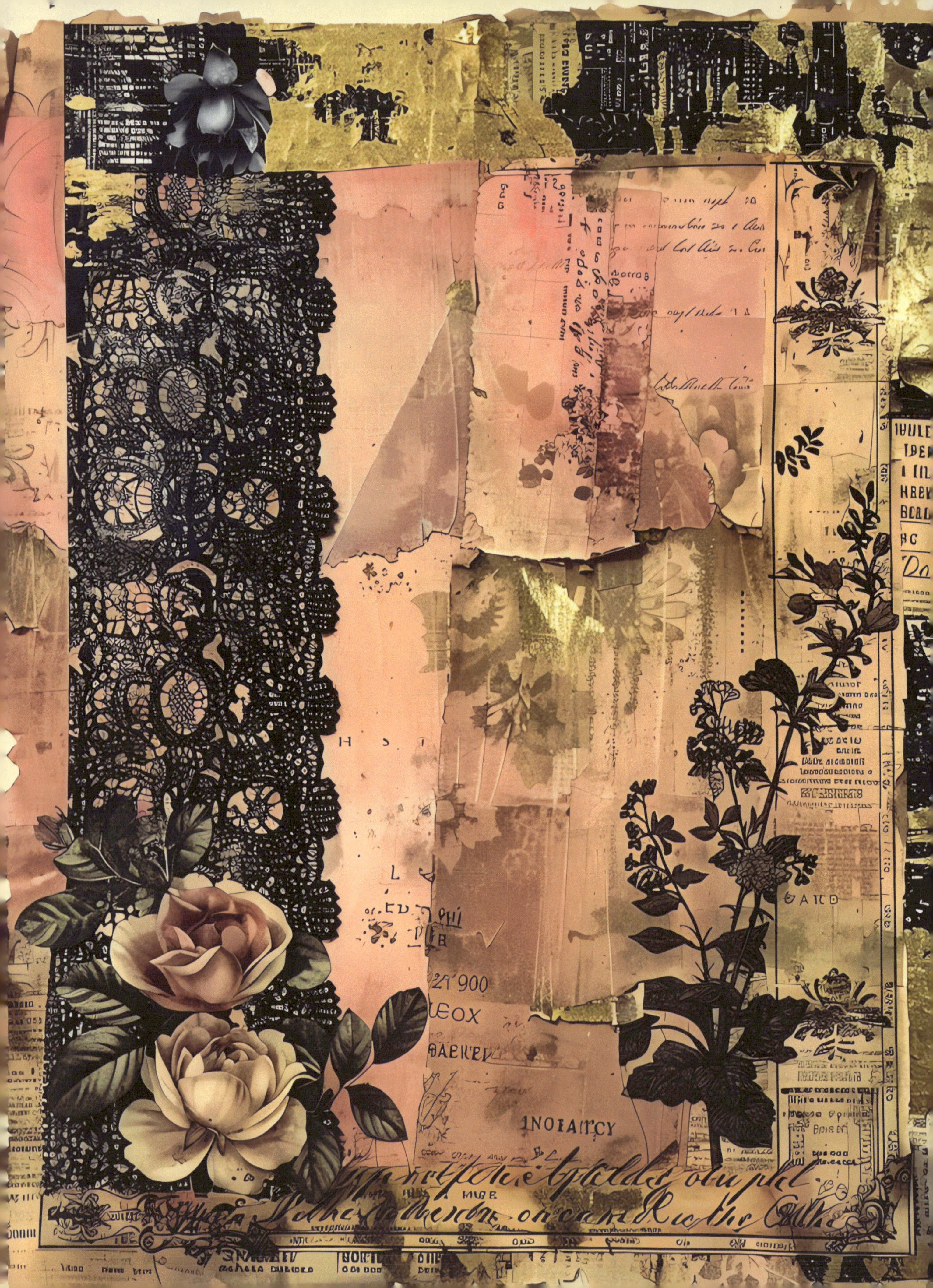

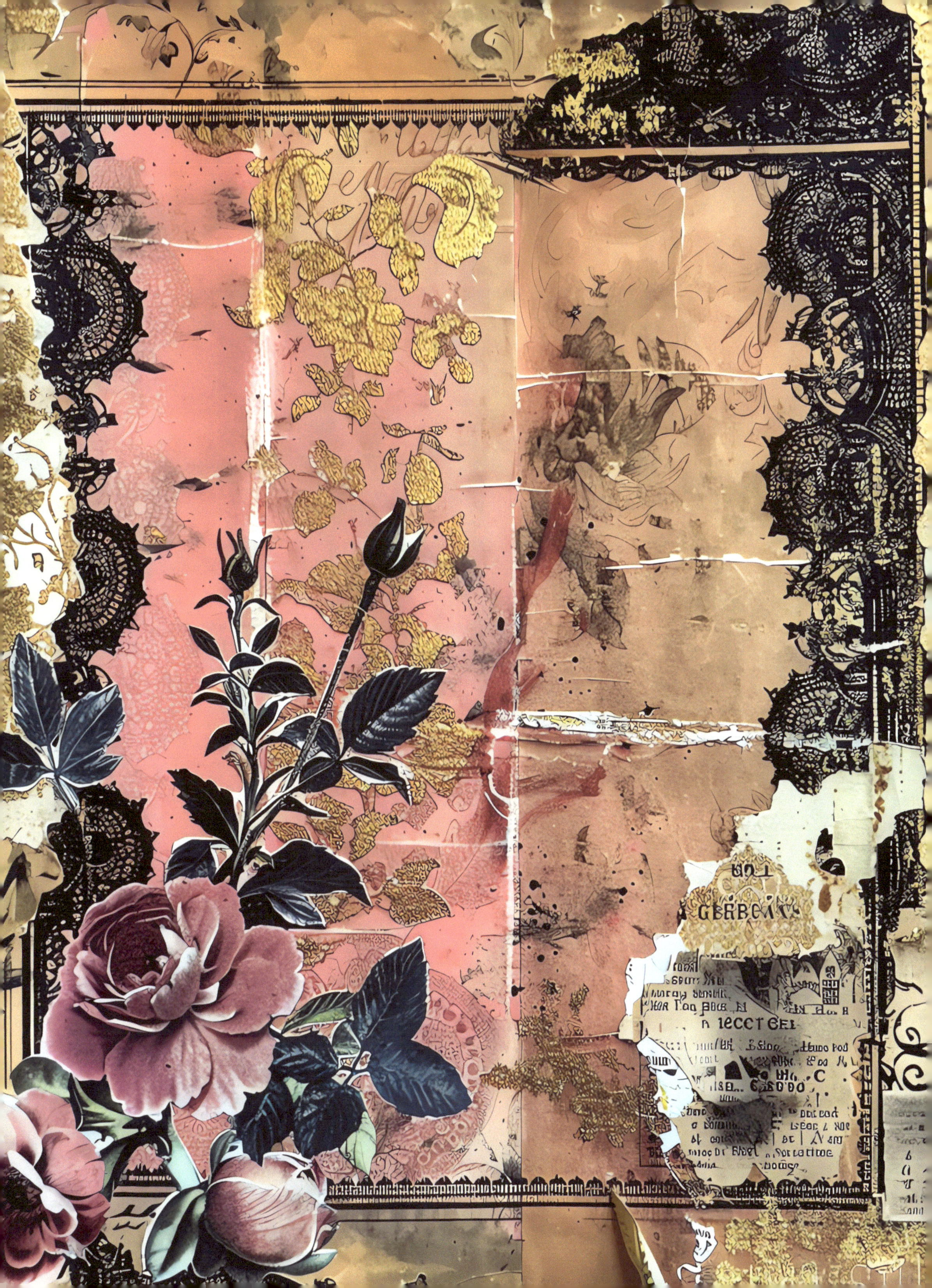

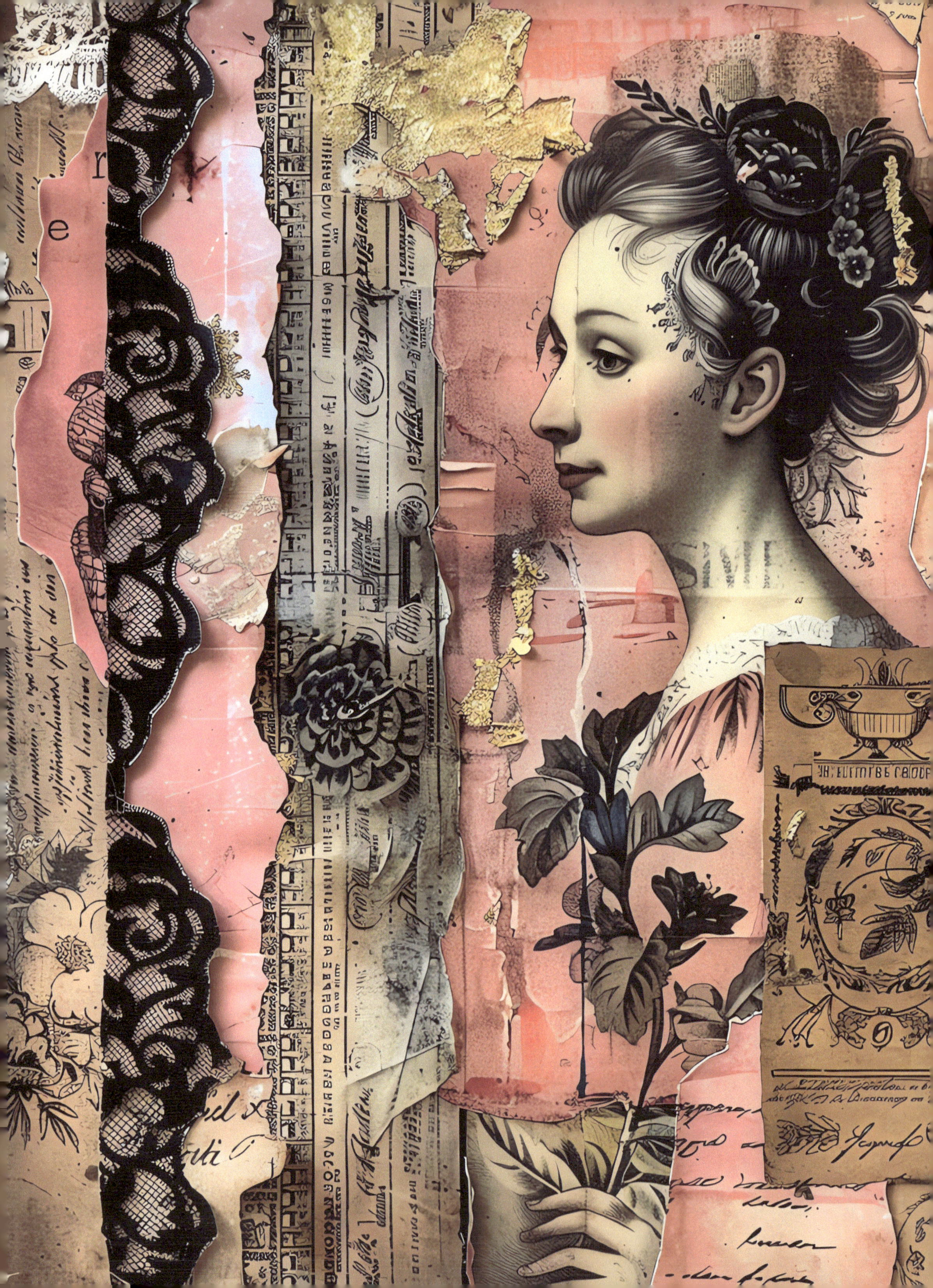

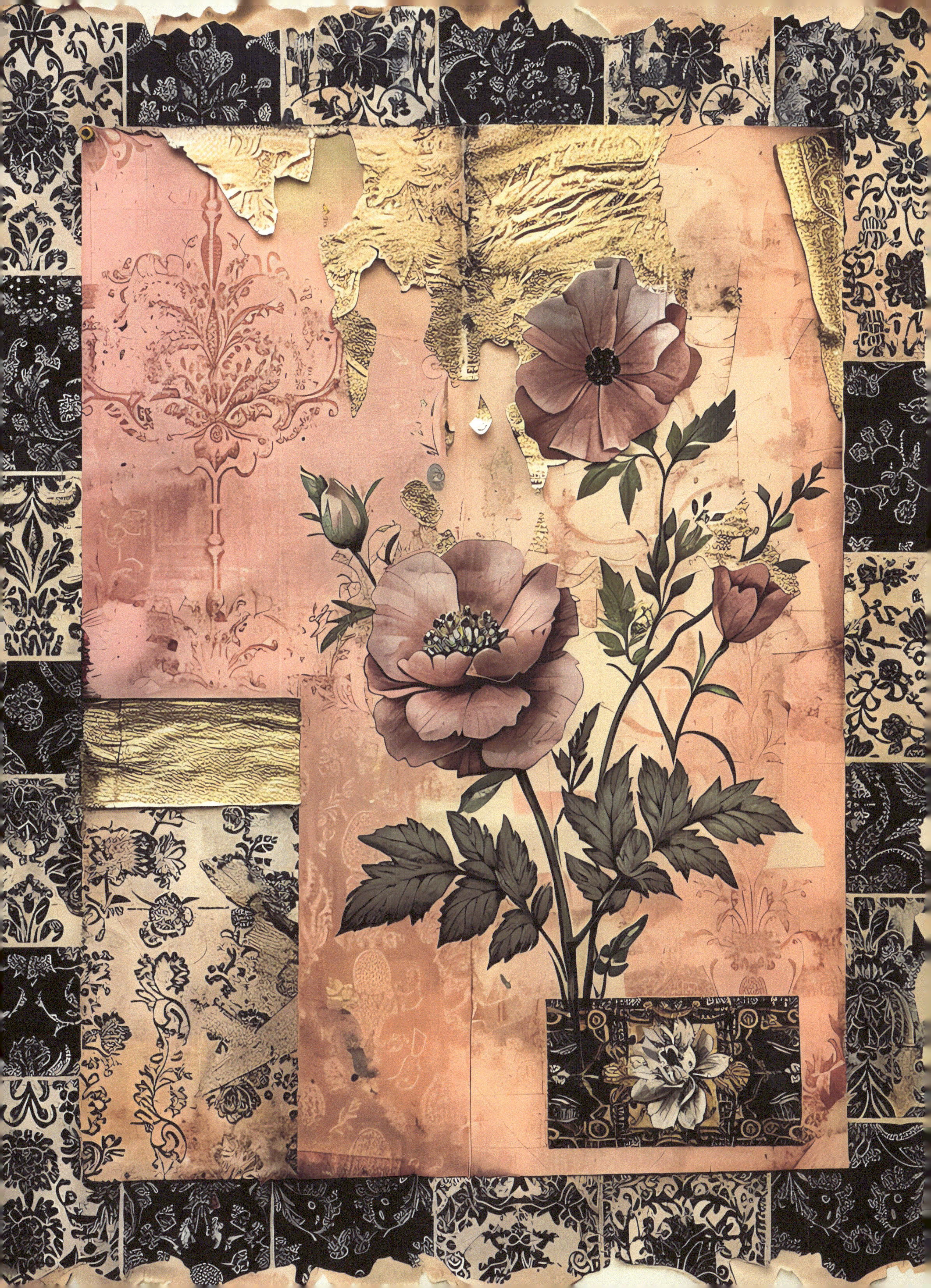

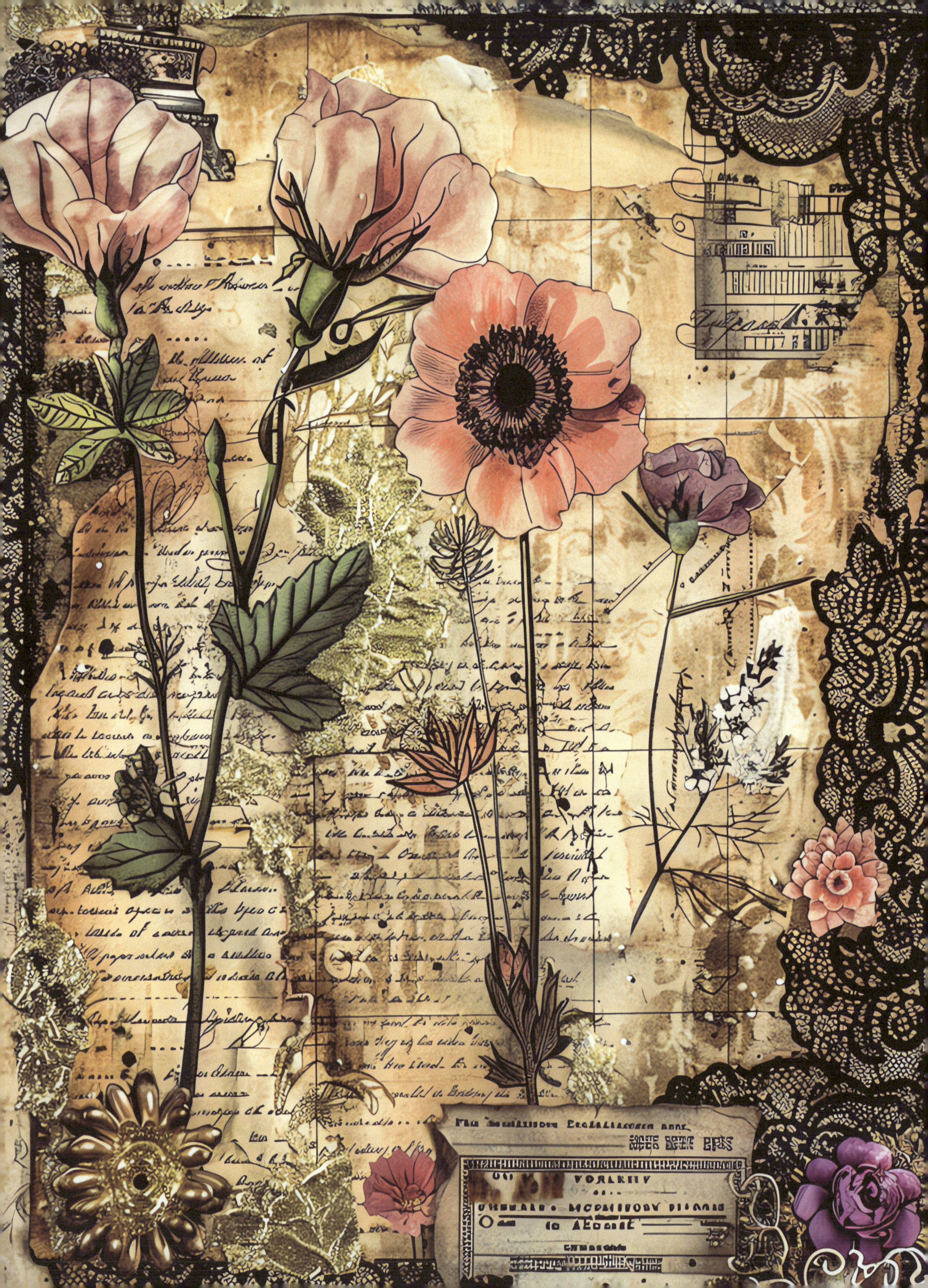

www.ingramcontent.com/pod-product-compliance
Lightning Source LLC
Chambersburg PA
CBHW040430220526
45473CB00004B/1397
9798301230691